图书在版编目（CIP）数据

中国历史研究法补编 / 梁启超著．—上海：上海科学技术文献出版社，2015.4
（民国首版学术经典丛书．第 2 辑）
ISBN 978-7-5439-6548-5

Ⅰ．①中… Ⅱ．①梁… Ⅲ．①中国历史—研究方法 Ⅳ．① K207

中国版本图书馆 CIP 数据核字（2015）第 027222 号

责任编辑：张　树　王卓娅
封面设计：周　婧

中国历史研究法补编
梁启超　著
出版发行：上海科学技术文献出版社
地　　址：上海市长乐路 746 号
邮政编码：200040
经　　销：全国新华书店
印　　刷：上海中华商务联合印刷有限公司
开　　本：850×1168　1/32
印　　张：8.625
版　　次：2015 年 4 月第 1 版　2015 年 4 月第 1 次印刷
书　　号：ISBN 978-7-5439-6548-5
定　　价：50.00 元
http://www.sstlp.com

出版说明

民国时期虽只有短短三十几年，却在中国历史上拥有极其重要的地位。随着地理封闭格局的打破，社会制度的转型，思想束缚的解放，社会的文化和学术也开始了古今中西新旧融合与创新的历史过程，迎来一个百家争胜、异彩纷呈的局面，直接表现便是名家辈出、佳作迭现，且其视野之开阔、学识之渊博、影响之深远，为前代所不及，亦为后人所难达。

民国文学史堪称一部文学思潮、文学流派、文学运动、文学论争、文学社团的流变史，它们之间存在着相互交叉、相互生成的复杂关系，而要想从这些复杂的关系中理清头绪、找到脉络，关键还是要着手到具体的作家与作品上。由于受到各种因素的影响，有时即使是同一部文学作品，在不同的版本中也会呈现出大相径庭的风貌。我们尽量选取民国文学经典作品中最初的版本，保留了原书的内封和版权页、书后广告，将文学经典作品的原貌呈现出来。有些文学作品，由于作者早逝等因素，虽然在文学史上具有一定的价值，但人们对其知之甚少。为此，我们也挑选了一些并非广为流传，但是具有自己的风格、在当时的文学思潮中占据过一定地位的文学作品，为当代文学史的研究提供更多的资源。

从 1911 年辛亥革命结束清王朝统治到 1949 年中华人民共和国成立，在这一段特殊时期成长起来的中国学人涌现出了许多大家，并产生了在中国学术史占有重要地位的著作，尽管今人对民国学术的评价是仁者见仁，智者见智，但不可否认的是不论是这些大家的人格魅力，还是那些著作所折射出来的思想的光辉影响了几代学人。

有鉴于此，我们以“民国首版经典”之名影印了民国文学、学术经典。内容可谓包罗万象，诗歌、小说、散文、纪实文学，以及史学、理学、文学研究等方方面面，所选皆出自名家、大家之手，或为各学科奠基之作，或为集大成之作，或为震动当时、影响深远的传诵之作，其中不乏流传很少、极难觅寻的孤本，我们苦心孤诣，找寻到这些经典著作的初版本，影印出版，精装制作，以飨读者。

编　者

萬有文庫

第一集一千種

王雲五主編

中國歷史研究法補編

梁啟超著

商務印書館發行

萬有文庫

第一集一千種

總編纂者
王雲五

商務印書館發行

中國歷史研究法補編

梁啟超著

國學小叢書

中國歷史研究法補編目錄

中國歷史研究法(補編)

緒論

此次所講的歷史研究法，與幾年前所講的歷史研究法迥然不同。一則因爲本人性情，已經講過的東西不願再講；再則用舊的著作做講演稿，有甚麽意思。諸君不要以爲此次所講的就是前次講過的！我那舊作中國歷史研究法祇可供參考而已。此次講演實爲舊作的一種補充。凡中國歷史研究法書中已經說過的，此次都不詳細再講。所以本篇可名之爲補中國歷史研究法或廣中國歷史研究法。

本演講全部組織，可以分爲「總論」「分論」兩部。總論注重理論的說明。分論注重專史的研究。其宗旨在使有研究歷史興味的人，對於各種專史知道應該研究，幷且知道如何研究。舊作所述，極爲簡單，不過說明一部通史應如何作法而已。此次講演，較爲詳細，偏重研究專史如何下手。因爲作通史本不是一件容易的事情。專史沒有做好，通史更做不好。若是各人各做專史的一部分，大家合起來，便成一部頂好的通史了。此次講演，既然注重專史，所以又可叫做各種專史研究法。總論的部分，因爲是補充中國歷史研究法所不足，所以很零亂，沒有甚麼系統。分論的部分，因爲注重各種專史的作法，所以較複雜，更豐富；其內容又可分爲五項：

(一)人的專史　卽舊史的傳記體，年譜體，專以一個人爲主。例如孔子傳，玄奘傳，曾國藩年譜等。

(二)事的專史　卽舊史的記事本末體，專以重大事情爲主。例如晚明流寇，復社本末，洪楊之亂，辛亥革命等。

(三)文物的專史　卽舊史的書志體，專以文物典章社會狀況爲主。如我去年在本校(清華)所講文化史卽屬此項性質，此在專史中最爲重要。

(四)地方的專史　卽舊史之方志體；因中國幅員太廣，各地發展之經過多所懸殊，舊史專以帝都所在爲中心，實不能提挈全部文化之眞相，所以應該分爲若干區域，以觀其各時代發達之跡。其邊地如滇黔西域關東……等，尤當特別研究。

（五）斷代的專史　即舊史的斷代史體，專以一個時代爲主，但不必以一姓興亡畫分。例如春秋史，戰國史，晚唐藩鎮及五代十國史，宋遼金夏時代史等。

雖然專史並不祇此五種，然粗略分類，所有專史大都可以包括了。例如人的傳記，一人如何做，多人如何做，年譜如何做；又如事的本末，戰爭如何做，變革如何做，興亡如何做；其他文物的考據，斷代的劃分，應該如何：這類問題，以後每次講一項；仔細研究，具體討論，每項舉一個例，將各種專史的做法，分門別類，講演一番，於諸君日後自己研究上，或者較有益處。

總論之部，計分三章，其目如下：

第一章　史之目的

第二章　史家之四長

第三章　四種專史概論

此三章，不倫不類，沒有甚麼系統與組織。其原因，一則因爲有許多方法，舊作已經講過，此外不必細述；再則因爲此次講演專重專史的研究，那些空空洞洞的理論也沒有細說的必要。這樣一來，所以總論三章不得不極其簡略了。

總論

第一章　史的目的

無論研究何種學問，都要有目的。甚麼是歷史的目的？簡單一句話，歷史的目的在將過去的眞事實予以新意義或新價值，以供現代人活動之資鑑。假如不是有此種目的，則過去的歷史如此之多，已經足夠了，在中國他種書籍尙不敢說，若說歷史書籍除二十四史以外，還有九通及九種記事本末等，眞是汗牛充棟，吾人做新歷史而無新目的，大大可以不作。歷史所以要常常去研究，歷史所以值得研究，就是因爲要不斷的予以新意義及新價值以供吾人活動的資鑑。譬如電影，由許多呆板的影片湊合成一個活動的電影，一定有他的意義及價值，合攏看，是活的，分開看，是死的。吾人將許多死的影片組織好，通上電流，使之活動，活動的結果，就是使人感動。研究歷史也同做電影一樣：吾人將許多死的事實組織好，予以意義及價值，使之活動，活動的結果，就是供給現代人應用。再把這個目的分段細細解釋，必定要先有眞事實，纔能說到意義，有意義纔能說到價值，有意義及價值纔可說到活動。

甲　求得眞事實

（一）鉤沉法　想要求得眞事實，有五種用功的方法：已經沉沒了的實事，應該重新尋出。此類事實，愈古愈多。譬如歐洲當中世紀的時候，做羅馬史的人專靠書本上的記載，所以記載的事情有許多靠不住的。後來羅馬邦渒等處發現很多古代的遺蹟實物，然後羅馬史的眞相纔能逐漸明白。此類事實，不專限於古代；卽在近代亦有許多事實沒去了，要把他鉤出來，例子亦很不少。如俾士麥死了以後，他的日記纔流傳出來；那日記上面所記的與前此各種記錄所傳的大不相同，於是當時歷史上歐洲諸國的關係因而有許多改觀的地方。此種例子，在中國尤其繁多：在光緒二十六七年間，有一次，德皇威廉第二發起組織中俄德聯盟，相傳結有密約。關於歐洲方面的史料雖略有發現，關於中國方面的史料一點也沒有。要知道這件事的眞相，非設法問當時的當事人不可。慈禧太后死了；慶親王奕劻當時掌握朝政，想來很瞭然，可惜沒有法子去問。此外，孫寶琦當時爲駐德公使，在理應該清楚，但他並沒有記載下來。若不趁這時問個明白，此項史料便如沉落大海了；我們若把他鉤起來，豈非最有趣味最關緊要的事情。

(二)正誤法　有許多事實，從前人記錯了，我們不特不可盲從，而且應當改正。此類事實，古代史固然不少，近代史尤其多。比如現在平漢路上的戰爭，北平報上所載的就完全不是事實。吾人研究近代史，若把所有報紙，所有官電，逐日仔細批閱抄錄，用功可謂極勤，但結果毫無用處。在今日尚如此，在古代亦是一樣。而且還要錯誤得更利害些。

以上兩種方法，在中國歷史研究法上講得很詳，此處用不着細說了。其實吾人研究歷史，不單在做麻煩工作及尋難得資料，有許多資料並不難覓，工作亦不麻煩的題目，吾人尤其應該注意。近人考據，喜歡專門研究一個難題，這種精神固然可取，但專門考校，尙非主要工作；沒有問題的資料應當如何整理，極其平常的工作應當如何進行，實爲重要問題。上述二項，講的是含有特別性的事實的處理方法。下面三項，專講含有普通性的事實的處理方法。

(三)新注意　有許多向來史家不大注意的材料，我們應當特別注意牠。例如詩歌的搜集，故事的採訪，可因以獲得許多帶歷史成分的材料，前人不甚注意，現在北平大學有人在那裏研究了。還有許多普通現象普通事務極有研究的價值的。例如用統計的方法研究任何史料，都可有發明；從地理上的分配及年代的分配考求某種現象在何代或何地最爲發達，也就是其中的一種。又如西域的文化，從前人看得很輕，普通提到甘肅新疆，常與一般蠻夷平等看待，以爲絕對沒有甚麼文化。但據最近的研究，——尤其是法國人德國人的研究，——發見西域地方在古代不特文化很高，而且與中國本部有密切的關係，許多西方文化皆從西域輸入。此外，有許多小事情前人不注意，看不出他的重要，若是我們予以一種新解釋，立刻便重要起來。往往因爲眼前問題引出很遠的問題，因爲小的範圍擴張到大的範圍。我們研究歷史，要將注意力集中，要另具隻眼，把歷史上平常人所不注意的事情，作爲發端，追根研究下去，可以引出許多新事實，尋得許多新意義。

(四)搜集排比法　有許多歷史上的事情，原來是一件件的分開着，看不出什麼道理；若是一件件的排比起來，意義就很大了。例如掃帚草是一株極平常的植物，栽花栽到掃帚草，一點也不值得注意：但是若把牠排成行列，植成文字，那就很好看了。所謂『屬辭比事，春秋之教』正是這個意思。我們研究歷史要把許多似乎很不要緊的事情聯合起來，加以研究。又如中國人過節，是一件極普通的事情，一年之中要過許多的節；單過中秋，覺得沒有甚麼意義；若把端午七夕中秋重陽等節排比起來，加以比較，然後研究爲甚麼要過節，過節如何過法，就可以從這裏邊看出許多重要的意義，或者是紀念前哲，或者娛樂自己；國民心理的一部份，肯可由此看出。諸如此類的事實很多，散落零亂時，似無價值，一經搜集排比，意義便極其重大。所以歷史家的責任，就在會搜集，會排比。

(五)聯絡法　第四種方法可以適用於同時的材料，第五種方法可以適用於先後的材料。許多歷史上的事情，順看平看似無意義，亦沒有甚麼結果，但是細細的把長時間的歷史通盤聯絡起來，就有意義，有結果了。比如晚明時代，許多士大夫排斥滿清，或死或亡，不與合作，看去似很消極，死者自死，亡者自亡，滿清仍然做他的皇帝，而且做得很好，這種死亡，豈不是白死亡了嗎，這種不合作，豈不是毫無意義嗎？若把全部歷史綜合來看，自明室衰亡看起，至辛亥革命止，原因結果，極明白了；意義價值，亦很顯然。假如沒有晚明那些學者義士仗節不辱，把民族精神喚起，那末辛亥革命能否產生，還是問題呢。歷史上有許多事情是這樣：若是不聯絡看，沒有甚麼意義可言；假如仔細研究，關係極其重要。

上述對於事實的五種用功方法，若研究過去事實，此五種方法都有用，或全用，或用一二種，不等。以下再講與以新意義及新價値。

乙　予以新意義

所謂予以新意義，有幾種解釋。或者從前的活動，本來很有意義，後人沒有覺察出來，須得把牠從新復活。所謂『發潛闡幽』就是這個意思。或者從前的活動，被後人看錯了，須得把牠從新改正。此種工作，亦極重要。前一項例子比較的少，後一項例子比較的多。譬如研究周公的封建制度，追求本來用意究竟何在；有人說封建是社會上最好的制度，最有益的制度，到底周公採用封建，就是因爲牠是最有益的制度嗎？其實周公意思並非認封建對於全體社會有何益處，不過對於周朝那個時代較爲適用較爲有益而已。又如研究王荆公的新法，追求他本來用意究竟何在。從前大家都把他看錯了，都認爲一個聚斂之臣。到底荆公採用新法，完全以聚斂爲目的嗎？其實荆公種種舉動，都有深意。他的靑苗保甲保馬市易諸法，在當時確是一種富國強兵之要術。到了後來，仍然常常採用呢。還有一種，本來的活動完全沒有意義，經過多少年以後，忽然看出意義來了。因爲吾人的動作，一部份是有意識的動作，一部份是無意識的動作——心理學上或稱潛意識，或稱下意識。如像說夢話或受催眠術等，都是。——一人如此，一團體一社會的多數活動亦然。許多事本來無意義，後人讀歷史纔能把意義看出，總括起來說，吾人懸擬一個目的，把種種無意義的事實追求出一個新意義，本來有意義而看錯了的，給他改正，本有意義而沒覺察的，給他看出來。所謂予以新意義，就是這樣解釋。

丙 予以新價值

所謂予以新價值，就是把過去的事實，從新的估價。價值有兩種：有一時的價值，過時而價頓減；有永久的價值，時間愈久，價值愈見加增。研究歷史的人，兩種都得注意，不可有所忽視。甚麼是一時的價值？有許多事實，在現在毫無價值，在當時價值很大。即如封建制度，確是周公的強本固基的方法，周朝八百多年的天下，全靠這種制度維持。吾人不能因爲封建制度在今日沒有用處，遂把他過去的價值，亦完全抹殺。歷史上此類事實很多，要用公平眼光，從當時環境看出他的價值來。甚麼是永久的價值？有許多事實，在當時價值甚微，在後代價值極爲顯著。卽如晚明士大夫之抗滿清，在當時確是一種消極的無效果的抵制法，於滿清之統治中國絲毫無損；但在辛亥革命時，纔知道從前的排滿是有價值的；而且在永久的民族活動上，從前的排滿也是極有價值。歷史家的責任，貴在把種種事實擺出來，從新估定一番。總括起來說：就是從前有價值，現在無價值的，不要把牠輕輕抹殺了；從前無價值，現在有價值的，不要把牠輕輕放過了。

丁　供吾人活動之資鑑

新意義與新價值之解釋既明，玆再進而研究供吾人活動之資鑑。所謂活動，亦有二種解釋，卽社會活動方面與個人活動方面。研究兩方面的活動，都要求出一種用處。現在人很喜歡倡『爲學問而學問』的高調。其實『學以致用』四字也不能看輕。爲甚麼要看歷史？希望自己得點東西。爲甚麼要作歷史？希望讀者得點益處。學問是拿來致用的，不單是爲學問而學問而已。

先言社會活動方面：社會是繼續有機體，個人是此有機體的一個細胞。吾人不論如何活動，對於全盤歷史，整個社會，總受相當束縛。看歷史要看他的變遷，這種變遷就是社會活動。又分二目：

（一）轉變的活動　因爲經過一番活動，由這種社會變成他種社會，或者由一種活動生出他種活動，無論變久變暫，變好變壞，最少有一大部分可以備現代參考。通常說一治一亂，我們要問如何社會會治，如何社會會亂；並且看各部分各方面的活動，如像君主專制之下，君主宰相的活動，以及人民的活動，如何結果，如何轉變：這樣看出來的成敗得失，可以供吾人一部分的參考。

（二）增益的活動　政治的治亂，不過一時的衝動；全部文化纔是人類活動的成績。人類活動好像一條很長的路，全部文化好像一個很高的山。吾人要知道自己的立足點，自己的責任，須得常常設法走上九百級的高山上添上一把土。因是之故，第一要知道文化遺產之多少，若不知而創作，那是白費氣力。第二要知道添土的方法。我是中國一分子，中國是世界一分子，旁人添一把土，我亦添一把土，全部文化自然增高了。

次述個人活動方面：嚴格說起來，中國過去的歷史，差不多以歷史爲個人活動的模範。此種特色，不可看輕。看歷史要看他的影響，首當其衝者就是個活動。亦可分爲二目：

（一）外的方面　司馬光作資治通鑑，其本來目的就是拿給個人作模範的。自從朱子以後，讀此書的人都說他『最能益人神智。』甚麼叫益人神智？就是告訴人對於種種事情如何應付的方法，此卽歷史家眞實本領所在。司馬光的資治通鑑可以益人神智之處甚多，畢秋帆的續資治通鑑可以益人神智之處就少了。因爲畢書注重死的方面，光書注重活的方面。光書有好幾處紀載史事，不看下面想不出應付的方法，再看下面，居然應付得很好。這種地方，益人神智不少。

（二）內的方面　我們看一個偉人的傳記，看他能够成功的原因，往往有許多在很小的地方，所以自己對於小事末節，也當特別注意。但不單要看他的成功，還要看他的失敗，如何會好，如何會壞，兩面看到，擇善而從。讀史外的益處，固然很多，內的益處，亦復不少。

史家有社會個人兩方俱顧慮到的，好像一幅影片，能教人哭，能教人笑。影片而不能使人哭，使人笑，猶之歷史不能增長智識，鍛鍊精神，便沒有價値一樣。

戊　讀史的方式

附帶要說幾句關於讀歷史的方法，本來可以不在這兒講。不過稍爲略說幾句，對於自己研究上亦有很大的益處。如何讀歷史，纔能變死爲活，纔能使人得益，依我的經驗，可以說有兩種：一種是鳥瞰式，一種是解剖式。

（一）鳥瞰式　這種方法在知大概。令讀者於全部書或全盤事能得一個明瞭簡單的概念，好像乘飛機飛空騰躍，在半天中俯視一切，看物攝影，都極其清楚。不過又可以叫做飛機式的讀史方法。

（二）解剖式　這種方法在知底細。令讀者於一章書或一件事能得一個徹始徹終的了解。好像用顯微鏡細察蒼蠅，把蒼蠅的五臟六腑看得絲絲見骨。這種方法又可以叫做顯微鏡的讀史方法。

此回所講，偏於專史性質，既較精細深刻，所以用的方法以解剖式爲最多。然用鳥瞰式的時候亦有。最好先得概念，再加以仔細研究。一面做顯微鏡式的工作，不要忘了做飛機式的工作。一面做飛機的工作，亦不要忘了做顯微鏡式的工作。實際上單有鳥瞰，沒有解剖，不能有圓滿的結果。單有解剖，沒有鳥瞰，亦不能得良好的路徑。二者不可偏廢。

至於參考書目，關於專門的，我想開一總單，不分章節。因爲圖書館少，恐怕分配不均。開一總單，則彼此先後借閱，不致擁擠下禮拜打算就開出來。（名達按：先生後因身體不健，未及編此參考書目。）關於一般的可以先讀下列各書；沒讀過的非讀不可，讀過的不妨重讀。

(一)中國歷史研究法　梁啓超
(二)史通　劉知幾
(三)通志（總敍及二十二略敍）　鄭樵
(四)文史通義　章學誠
(五)章氏遺書（關於論史之部）　章學誠

第二章　史家的四長

劉子元說史家應有三長，卽史才，史學，史識。章實齋添上一個史德，並爲四長。實齋此種補充，甚是。要想做一個史家，必須具備此四種資格。子元雖標出三種長處，但未加以解釋；如何纔配稱史才史學史識，他不曾講到。實齋所著文史通義，雖有史德一篇，講到史家心術的重要，但亦說得不圓滿。

今天所講，就是用劉章二人所說的話，予以新意義，加以新解釋。

子元實齋二人所講，專爲作史的人說法。史學家要想作一部好史，應具備上述三長或四長。同學諸君方在讀書時代，祇是預備學問，說不上著作之林；但我們學歷史，其目的就在想將來有所貢獻；此刻雖不是著作家，但不可不有當著作家的志向。並且著作家的標準亦很難說，即如太史公用畢生精力，作了一部史記，後人不滿意的地方尙多，其餘諸書更不用說了。此刻我們雖不敢自稱著作家，但是著作家的訓練工作則不可少。所以史家四長之說，就不得不細細用一番功夫去研究，看要如何纔能夠達到這種目的。

至於這幾種長處的排列法，各人主張不同：子元以才爲先，學次之，識又次之；實齋又添德於才學識之後。今將次第稍爲變更一下，先史德，次史學，又次史識，最後纔說到史才。

甲　史德

現在講史德；諸君有功夫，可參看文史通義的史德篇。實齋以爲作史的人，心術應該端正。譬如魏書，大衆認爲穢史，就是因魏收心術不端的原故。又如左氏春秋，劉歆批評他「是非不謬於聖人」，就是心術端正的原故。簡單說起來，實齋所謂史德，乃是對於過去毫不偏私，善惡褒貶，務求公正。

歷代史家對於心術端正一層，大部異常重視。這一點，吾人認爲有相當的必要，但尙不足以盡史德的含義。我以爲史家第一件道德，莫過於忠實。如何纔算忠實？卽「對於所敍述的史蹟，純採客觀的態度，不絲毫參以自己意見」便是。例如畫一個人，要絕對像那個人。假使把竈下婢畫成美人，畫雖然美，可惜不是本人的面目。又如做一個地方遊記，記的要確是那個地方。假使寫顏子的陋巷，說他陳設美麗，景緻淸雅，便成了建築師的計劃，不是實地的事物了。

忠實一語，說起來似易，做起來實難。因爲凡人都不免有他的主觀；這種主觀，蟠踞意識中甚深，不知不覺便發動起來。雖打主意力求忠實，但是心之所趨，筆之所動，很容易把信仰喪失了。完美的史德，眞不容易養成。最常犯的毛病，有下列數種，應當時時注意，極力剷除。

(一)誇大　一個人做一部著作，——無論所作的是傳記，是記事本末，是方志，或是國史，——總有他自己的特別關係。卽如替一個人作特別傳記，必定對於這個人很信仰，時常想要如何纔做得很好。中國人稱說孔子，總想像他是無所不知，無所不曉。所以孔子家語及其他緯書，竟把孔子說成一個神話中的人物了。例如說孔子與顏子在泰山頂上同看吳國城門中的一個人，顏子看得模糊，孔子看得極其清楚。諸如此類，其意思縱使本來不壞，但是絕非事實，祇能作爲一種神話看待。無論說好說壞，都是容易過分，正如子貢所謂「紂之不善，不如是之甚也。」又如地方志，自己是那一省人，因爲要發揮愛鄉心，往往把那一省說得很好。不過，過分的誇大，結果常引出些無聊的贊美，實際上毫無價值。再如講中國史，聽見外國人鄙視中國，心裏就老大不願意，總想設法把中國的優點表彰出來，一個比一個說得更好，結果祇養成全國民的不忠實之誇大性。誇大心，人人都有；說好說壞，各人不同。史家尤其難免，自問沒有最好；萬一有了，應當設法去掉牠。

（二）附會　自己有一種思想，或引古人以爲重，或引過去事實以爲重，皆是附會。這種方法，很帶宣傳意味，全不是事實性質，古今史家，皆不能免。例如提倡孝道，把大舜作個榜樣，便附會出完廩浚井等等事實來。想提倡夫婦情愛，便附會出杞梁哭夫的事實，一哭會把城牆哭崩了。愈到近代，附會愈多。關於政治方面，如提倡共和政體，就附會到堯舜禪讓，說他們的「詢于四岳，」就是天下爲公，因說我們古代也有共和政治民主精神。關於社會方面，如提倡共產制度，就附會周初井田是以八家爲井，井九百畝，每家百畝，公田百畝，因說我們古代也講土地國有，平均勞逸。這種附會意思本非不善，可惜手段錯了。即如堯舜禪讓，有沒有這回事，尙是問題；勉強牽合到民主政治上去，結果兩敗俱傷。從事實本身說，失却歷史的忠實性；從宣傳效力說，容易使聽的人誤解。曹丕篡漢時，把那鬼混的禪讓禮行完之後，他對人說「舜禹之事，吾知之矣。」假使青年學子誤解了堯舜「詢于四岳，」以爲就是眞正共和，也學曹丕一樣說「共和之事，吾知之矣，」那可不糟透了嗎？總之，我們若信仰一主義，任用何手段去宣傳都可以，但最不可借史事做宣傳工具。非惟無益，而又害之。

(三)武斷　武斷的毛病，人人都知道不應該，可是人人都容易犯。因爲歷史事實，散亡很多，無論在古代，在近代，都是一樣。對於一件事的說明，到了材料不够時，不得不用推想。偶然得到片辭孤證，便很高興，勉強湊合起來，作爲事實。因爲材料困難，所以未加審擇，專憑主觀判斷，隨便了之。其結果就流爲武斷了。固然，要作一部歷史，絕對不下斷案是不行的。——斷案非論斷，乃歷史眞相。即如堯舜禪讓，究竟有沒有這回事，固極難定；但不能不搜集各方面的意見，擇善而從，下一個「蓋然」的斷案。——但是不要太愛下斷案了。有許多人愛下判斷，下得太容易，最易陷於武斷：資料和自己脾胃合的，便采用；不合的，便删除；甚至因爲資料不足，從事僞造；晚明人犯此毛病最多。如王弇州楊升菴等皆是。

忠實的史家對於過去事實，十之八九應取存疑的態度。即現代事實，亦大部分應當特別審慎。民國十五年來的事實，算是很容易知道了。但要事事都下斷案，我自己就常無把握，即如最近湖北的戰事，吳佩孚在漢口，究竟如何措施？爲甚麼失漢陽，爲甚麼失武勝關？若不謹愼，遽下斷案，或陷於完全錯誤，亦未可知。又如同學之間，彼此互作傳記，要把各人的眞性格描寫出來，尙不容易；何況古人，何況古代事實呢？所以歷史事實，因爲種種關係，絕對確實性很難求得的時候，便應採取懷疑態度，或將多方面的異同詳略羅列出來。從前司馬光作資治通鑑，同時就作考異，或並列各說，或推重一家。這是很好的方法。

總而言之，史家道德，應如鑑空衡平，是甚麼，照出來就是甚麼，有多重，稱出來就有多重，把自己主觀意見剷除淨盡，把自己性格養成像鏡子和天平一樣。但這些話，說來雖易，做到眞難。我自己會說，自己亦辨不到。我的著作，很希望諸君亦用鑑空衡平的態度來批評。

乙　史學

有了道德，其次要講的就是史學。前人解釋史學，太過空洞，範圍茫然，無處下手。子元實齋雖稍微說了一點，可惜不太清楚。現在依我的意見，另下解釋。

歷史範圍極其廣博。凡過去人類一切活動的記載，都是歷史。古人說「一部十七史，何從說起」？十七史已經沒有法子讀通，何況由十七而二十二而二十四呢？何況正史之外，更有浩如煙海的其他書籍呢？一個人想將所有史料都經目一徧，尚且是絕對不可能之事；何況加以研究組織，成爲著述呢？無論有多大的天才學問和精力，想要把全史包辦，絕無其事。我年輕時，曾經有此種野心，直到現在，始終沒有成功。此刻祇想能夠在某部的專史，得有相當成績，便躊躇滿志了。所以凡做史學的人，必先有一種覺悟，曰：貴專精，不貴雜博。

孔子說：「君子於其所不知，蓋闕如也。」我們做學問，切勿以爲「一物不知，儒者之恥。」想要無所不知，必定一無所知。眞是一無所知，那纔可恥喲。別的學問如此，史學亦然。我們應該在全部學問中，劃出史學來；又在史學中，劃出一部分來：用特別興趣及相當預備，專門去研究牠。專門以外的東西，儘可以有許多不知；專門以內的東西，非知到透徹周備不可。所以我們做史學，不妨先擇出一二專門工作，作完後，有餘力，再作旁的東西。萬不可以貪多。如想做文學史，便應專心研究，把旁的學問放開。假使又嫌文學史範圍太大，不妨再擇出一部分，如王靜安先生單研究宋元戲曲史之類。做這種工作，不深知詩史詞史或可以；對於本門，則務要盡心研究，力求完備。如此一來，注意力可以集中，訪問師友，既較容易，搜集圖書，亦不困難，纔不至遊騎無歸，白費氣力。有人以爲這樣似太窄狹，容易拋棄旁的學問，其實不然。學問之道，通了一樣，旁的地方就很容易。學問門類雖多，然而方法很少。如何用腦，如何用目，如何用手，如何詢問，搜集，養成習慣，可以應用到任何方面。好像攻打炮臺，攻下一個，其餘就應手而下了。

有了專門學問，還要講點普通常識。單有常識，沒有專長，不能深入顯出。單有專長，常識不足，不能觸類旁通。讀書一事，古人所講，專精同涉獵，兩不可少。有一專長，又有充分常識，最佳。大概一人功力，以十之七八，做專精的功夫，選定局部研究，練習搜羅材料，判斷眞僞，決擇取舍；以十之一二，做涉獵的功夫，隨便聽講，隨便讀書，隨意談話：如此做去，極其有益。關於涉獵，沒有甚麼特別法子；關於專精下苦功的方法，約有下面所列三項：

（一）勤於抄錄　顧亭林的日知錄，大家知道是價值很高。有人問他別來幾年，日知錄又成若干卷？顧氏答應他說，不過幾條。爲甚麼幾年功夫纔得幾條？因爲陸續抄錄，雜湊而成，先成長編，後改短條，所以功夫大了。某人日記稱，見顧氏天下郡國利病書原稿，寫滿了蠅頭小楷，一年年添上去的，可見他抄書之勤。顧氏常說，「善讀書不如善抄書」。常常抄了，可以漸進於著作之林。抄書像顧亭林，可以說勤極了。我的鄉先生陳蘭甫先生作東塾讀書記，卽由抄錄譔成。新近有人在香港買得陳氏手稿，都是一張張的小條，裱成册頁。或一條僅寫幾個字，或一條寫得滿滿的。我現在正以重價購求此稿，如能購得，一則可以整理陳氏著作，一則可以看出他讀書的方法。古人平常讀書，看見有用的材料就抄下來；積之既久，可以得無數小條；由此小條，輯爲長編；更由長編，編爲鉅製。顧亭林的日知錄，錢大昕的十駕齋養新錄，陳蘭甫的東塾讀書記，都係由此作成。一般學問如此，做專門學問尤其應當如此。近來青年常問我，研究某事，甚麼地方找材料。我每逢受此質問，便苦於答不出來。因爲資料雖然很豐富，卻是很散漫，並沒有一部現成書把我們所要的資料湊在一處以供取擕之便。就這一點論，外國青年做學問，像比我們便宜多了。他們想研究某種問題，打開百科辭典或其他大部頭的參考書，資料便全部羅列目前。我們卻像披沙揀金，揀幾個鐘頭，得不到一粒。但爲實際上養成學問能力起見，到底誰吃虧，誰便宜，還是問題。吃現成飯吃慣了的人，後來要做很辛苦的工作，便做不來了。「誰知盤中餐，粒粒皆辛苦。」一粒米一顆飯都經過自己的汗血造出來，入口便更覺異常甘美。我們因爲資料未經整理，自己要作做篳路藍縷，積銖累寸的工作，實是給我們以磨練學問能力之絕好機會。我們若厭煩，不肯做，便錯過機會了。

(二)練習注意　初學讀書的人，看見許多書，要想都記得，都能作材料，實在很不容易。某先輩云：「不會讀書，書面是平的；會讀書，字句都浮起來了。」如何纔能使書中字浮凸起來？唯一的方法，就是訓練注意。昔人常說，好打燈謎的人，無論看甚麽書，看見的都是燈謎材料。會作詩詞的人，無論打開甚麽書，看見的都是文學句子。可見注意那一項，那一項便自然會浮凸出來。這種工作，起初做時是很難，往後就很容易。我自己就能辨得到，無論讀到甚麽書，都可以得新注意。究竟怎樣辦到的？我自己亦不知道。大概由於練習。最初的方法，頂好是指定幾個範圍，或者作一篇文章，然後看書時，有關係的就注意，沒有關係的就放過。過些日子，另換範圍，另換題目，把注意力換到新的方面。照這樣做得幾日，就做熟了。熟了以後，不必十分用心，隨手翻開，應該注意之點立刻就浮凸出來。讀一書，專取一個注意點；讀第二遍，另換一個注意點。這是最粗的方法，其實亦是最好的方法。幾遍之後，就可以同時有幾個注意點，而且毫不吃力。前面所述讀書貴勤於抄錄，如果看不出注意點，埋頭瞎抄，那豈不是白抄了嗎。一定要有所去取，去取之間，煞費功夫，非有特別訓練不可。

（三）逐類搜求　甚麼叫逐類搜求：就是因一種資料，追尋一種資料，跟蹤搜索下去。在外國，工具方便，辭典充備，求資料尚不太難；中國工具甚少，辭典亦不多，沒有法子，祇好因一件追一件。比如讀孟子，讀到「楊朱墨翟之言盈天下」之語，因有此語，於是去搜尋當時的書，看有甚麼人在甚麼地方說過這類的話。韓非子顯學篇說：「世之顯學，儒墨也。……墨之所至，墨翟也。……自墨子之死也，有相里氏之墨，有鄧陵氏之墨，……墨離爲之。」荀子非十二子篇又說：「不知壹天下建國家之權，稱上功用，大儉約而慢差等，曾不足以容辨異縣君臣……是墨翟宋鈃也。」—孫仲容因得這種資料，加以組織，作墨學傳授考墨家諸子鉤沉等文，作得的確不錯。為甚麼能有那樣著作？就是看見一句話，跟蹤追去。這種工作，就叫做逐類搜求。或由簡單事實，或由某書註解看見出於他書，因又追尋他書。諸君不要以為某人鴻博，某人特具天才；其實無論有多大天才，都不能全記；不過方法好，或由平時記錄，或由跟蹤追尋，卽可以得許多好材料。

此外方法尙多，我們暫說三門，以為示範的意思。工作雖然勞苦，興味確是深長。要想替國家作好歷史，非勞苦工作不可。此種工作，不單於現在有益，腦筋訓練慣了，用在甚麼地方都有益。誠然，中國史比西洋史難作；但西洋史或者因為太容易的原故，把治學能力減少了；好像常坐車的人，兩腿不能走路一樣。一種學問，往往因為現存材料很多，不費氣力，減少學者能力，這類事實很多。所以我主張要趁年富力強，下幾年苦工，現在有益，將來亦有益，讀書有益，作事亦有益。

丙　史識

史識是講歷史家的觀察力。做一個史家，須要何種觀察力？這種觀察力，如何養成？觀察要敏銳。

即所謂「讀書得間」旁人所不能觀察的，我可以觀察得出來。凡科學上的重大發明，都由於善於觀察。譬如蘋果落地，是一件很普通的事情，牛頓善於觀察，就發明萬有引力。開水壺蓋衝脫，是一件很普通的事情，瓦特善於觀察，就發明蒸汽機關。無論對於何事何物，都要注意去觀察，並且要繼續不斷的做細密功夫去四面觀察。在自然科學，求試驗的結果；在歷史方面，求關聯的事實。但凡稍有幫助的資料，一點都不可放鬆。

觀察的程序，可以分爲兩種：

（一）由全部到局部　何謂由全部到局部？歷史是整個的，統一的。眞是理想的歷史，要把地球上全體人類的事蹟連合起來，這纔算得歷史。既是整個的，統一的，所以各處的歷史不過是此全部組織的一件機械。不能了解全部，就不能了解局部；不能了解世界，就不能了解中國。這回所講專史，就是由全部中劃出一部分來，或研究一個人，或研究一件事，總不外全部中的一部；雖然範圍很窄，但是不要忘記了他是全部之一。比如我們研究戲曲史，算是藝術界文學界很小的一部分；但是要想對於戲曲史稍有發明，那就非有藝術文學的素養不可。因爲戲曲不是單獨發生，單獨存在，而是與各方面都有關係。假使對於社會狀況的變遷，其他文學的風尙，尙未了解，卽不能批評戲曲。而且一方面硏究中國戲曲，一方面要看外國戲曲看他們各方所走的路，或者是相同的，或者是各走各的，或者是不謀而合，或者是互相感應。若不這樣做，好的戲曲史便做不出來。不但戲曲史如此，無論硏究任何專史，都要看他放在中國全部佔何等位置，放在人類全部佔何等位置。要具得有這種眼光，銳敏的觀察纔能自然發生。

（二）由局部到全部　何謂由局部到全部？歷史不屬於自然界，乃社會科學最重要之一，其硏究法與自然科學硏究法不同。歷史爲人類活動之主體，而人類的活動極其自由，沒有動物植物那樣呆板。我們栽樹，樹不能動；但是人類可以跑來走去。我們養雞，雞受支配；但是人類可以發生意想不到的行爲。凡自然的東西，都可以用呆板的因果律去支配。歷史由人類活動組織而成，因果律支配不來。有時逆料這個時代這個環境應該發生某種現象，但是因爲特殊人物的發生，另自開闢一個新局面。凡自然界的現象，總是回頭的，循環的；九月穿夾衣，十月換棉袍，我們可以斷定。然而歷史沒有重複的時代，沒有絕對相同的事實。因爲人類自由意志的活動，可以發生非常現象。所謂由局部觀察到全部，就是觀察因爲一個人的活動，如何前進，如何退化，可以使社會改觀。一個人一羣人特殊的動作，可以令全局受其影響，發生變化。單用由全部到局部的眼光，祇能看回頭的現象，循環的現象。不能看出自由意志的動作。對於一個人或一羣人，看其動機所在，仔細觀察，估量他對於全局的影響，非用由局部到全部的觀察看不出來。

要養成歷史家觀察能力，兩種方法應當並用。看一件事，把來源去脈都要考察清楚。來源由時勢及環境造成，影響到局部的活動；去脈由一個人或一羣人造成，影響到全局的活動。歷史好像一條長練環環相接，繼續不斷，壞了一環，便不能活動了。所以對於事實與事實的關係，要用細密銳敏的眼光去觀察牠。

養成正確精密的觀察力，還有兩件應當注意的事情：

(一)不要爲因襲傳統的思想所蔽　在歷史方面，我們對於一個人或一件事的研究和批評，最易爲前人記載或言論所束縛。因爲歷史是回頭看的；前人所發表的一種意見，有很大的權威，壓迫我們。我並不是說，前人的話完全不對。但是我們應當知道，前人如果全對，便用不着我們多費手續了。至少要對前人有所補充，有所修正，纔行。因此，我們對於前人的話，要是太相信了，容易爲所束縛。應當充分估量其價值，對則從之，不對則加以補充，或換一個方面去觀察；遇有修正的必要的時候，無論是怎樣有名的前人所講，亦當加以修正。這件事情，已經很不容易。然以現代學風正往求新的路上走，辦到這步尚不很難。

（二）不要爲自己的成見所蔽　這件事情，那纔眞不容易。戴東原嘗說：「不以人蔽己，不以己蔽己」。以人蔽己，尙易擺脫；自己成見，不願抛棄，往往和事理差得很遠，還不回頭。大凡一個人立了一個假定，用歸納法研究，費很多的功夫，對於已成的工作，異常愛惜，後來再四觀察，雖覺頗有錯誤，亦捨不得取消前說。用心在做學問的人，常感此種痛苦。但忠實的學者，對於此種痛苦只得忍受；發見自己有錯誤時，便應當一刀兩斷的，即刻割捨；萬不可迴護從前的工作，或隱藏事實，或修改事實，或假造事實，來遷就他，迴護從前的工作。這種毛病，愈好學，愈易犯。譬如朱陸兩家關於無極太極之辯，我個人是贊成陸象山的。朱晦翁實在是太有成見了；後來讓陸象山駁得他無話可說，然終不肯抛棄自己主張。陸與朱的信，說他從前文章很流麗，這一次何其支離潦草，皆因迴護前說所致。以朱晦翁的見解學問，尙且如此；可見得不以己蔽己不是一件容易事情了。我十幾年前曾說過「不惜以今日之我，與昨日之我挑戰。」這固然可以說是我的一種弱點，但是我若認爲做學問不應取此態度，亦不盡然。一個人除非學問完全成熟，然後發表，纔可以沒有修改糾正。但是身後發表苦人所難。爲現代文化盡力起見，尤不應如此。應當隨時有所見到，隨時發表出來，以求社會的批評，纔對。眞做學問的人，晚年與早年不同；從前錯的，現在改了；從前沒有，現在有了。一個人要是今我不同昨我宣戰，那祇算不長進。我到七十，還要與六十九挑戰。我到八十，還要與七十九挑戰。這樣說法，似乎太過。最好對於從前過失，或者自覺，或由旁人指出，一點不愛惜，立刻改正。雖把十年的工作完全毀掉，亦所不惜。

上面所說的這兩種精神，無論做甚麼學問，都應當有，尤其是研究歷史，更當充實起來，要把自己的意見與前人的主張，平等的看待，超然的批評。某甲某乙不足，應當補充；某丙某丁錯了，應當修改：眞做學問，貴能如此。不爲因襲傳統所蔽，不爲自己成見所蔽，纔能得到敏妙的觀察，纔能完成卓越的史識。

丁　史才

史才專門講作史的技術，與前面所述三項另外又是一事，完全是技術的。有了史德，忠實的去尋找資料；有了史學研究起來不大費力；有了史識，觀察極其銳敏：但是仍然做不出精美的歷史來。要做出的歷史，讓人看了明瞭，讀了感動，非有特別技術不可。此種技術，就是文章的構造。章實齋作文史通義，把文同史一塊講。論純文學，章氏不成功；論美術文，章氏亦不成功；但是對於作史的技術，了解精透，運用圓熟，這又是章氏的特長了。

史才專講史家的文章技術，可以分爲二部：

子　組織

先講組織。組織就是全部書或一篇文的結構。此事看時容易，做時困難。許多事實擺在面前，能文章的文可以拉得攏來，做成很好的史；文章技術差一點的人，就難組織得好。沒有在文章上用過苦功的人，常時感覺困難。

組織是把許多材料整理包括起來，又分二事：

（一）剪裁　許多事實，不經剪裁，史料始終是史料，不能成爲歷史。譬如一包羊毛不能變成呢絨，必有所去必有所取，梳羅抉剔，始成織物，搜集的工作已經不容易；去取的工作，又更難了。司馬光未作資治通鑑之前，先作長編。據說他的底稿，堆滿十九間屋。要是把十九間屋的底稿全體印出來，一定沒有人看。如何由十九間屋的底稿做成長編，又由長編做成現在的資治通鑑，這裏面剪裁就很多了。普通有一種毛病，就是多多的搜集資料，不肯割愛。但欲有好的著作，却非割愛不可。我們要去其渣滓，留其菁華。這件事體，非常常注意不可。至於如何剪裁的方法，不外多作，用不着詳細解釋。孰渣孰菁，何去何留，常常去作，可以體驗得出來。

（二）排列　中看不中看，完全在排列的好壞。譬如天地玄黃四個字，王羲之是這樣寫，小孩子亦是這樣寫，但是王羲之寫得好，小孩子寫得壞，就是因爲排列的關係。凡講藝術，排列的關係却很大。一幅畫，山水佈置得宜，就很好看。一間屋，器具陳設得宜，亦很好看。先後詳略，法門很多。這種地方，要特別注意。不然，雖有好材料，不能惹人注目。就有人看，或者看錯了，或者看得昏昏欲睡。縱會搜集，也是枉然。至於如何排列的方法，一部分靠學力，一部分靠天才。良工能教人以規矩，不能使人巧。現在姑講幾種通用的方法，以爲示例。

（1）卽將前人記載聯絡鎔鑄，套入自己的話裏。章實齋說：「文人之文，惟患其不己出。史家之文，惟患其己出。」史家所記載，總不能不憑藉前人的話。史記本諸世本戰國策楚漢春秋，漢書本諸史記，何嘗有一語自造？卻又何嘗有一篇非自造？有天才的人，最能把別人的話鎔鑄成自己的話，如李光弼入郭子儀軍，隊伍如故而旌旗變色，此爲最上乘之作。近代史家，尤其是乾嘉中葉以後作史者，專講究「無一字無來歷。」阮芸臺作國史儒林傳，全是集前人成語，從頭至尾，無一字出自杜撰。阮氏認爲是最謹嚴的方法。他的廣東通志浙江通志，謝啓昆的廣西通志，都是用的此法。一個字，一句話，都有根據。這種辦法，我們大家是贊成的，因爲有上手可追問。但亦有短處，在太呆板。——因爲有許多事情未經前人寫在紙上，雖確知其實，亦無法採錄；而且古人行爲的臧否與批評，事實的連絡與補充，皆感困難。——吾人可師其意，但不必如此謹嚴。大體固須有所根據，但亦未嘗不可參入一己發見的史實，而且引用古書時，儘可依做文的順序，任意連串，做成活潑飛動的文章。另外更用小字另行注明出處，或說明其所以然，就好了。此法雖然好，但亦是很難。我尙未用。因爲我懶在文章上作功夫。將來打算這樣作一篇，以爲模範。把頭緒脈絡理淸，將前人的話藏在其中，要看不出縫隙來。希望同學亦如此作去。

（2）用綱目體，最爲省事。此種體裁，以錢文子的補漢書兵志爲最先（在知不足齋叢書內）。頂格一語是正文，是斷案，不過四五百字。下加注語，爲自己所根據的史料，較正文爲多。此種方法，近代很通行。如王靜安先生的胡服考，兩漢博士考，皆是如此。我去年所作的中國文化史亦是如此。此法很容易，很自由，提綱處寫斷案，低一格作註解。在文章上不必多下功夫，實爲簡單省事的方法。做得好，可以把自己研究的結果，暢所欲言。比前法方便多了。雖文章之美，不如前法，而伸縮自如，改動較易，又爲前法所不及。

（3）多想方法，把正文變爲圖表。對於作圖表的技術，要格外訓練。太史公作史記，常用表；「旁行斜上，本于周譜，」然仍可謂爲太史公所發明。三代世表，十二諸侯年表，六國表，秦楚之際月表，功臣侯者表，百官公卿表，格式各各不同。因有此體，遂開許多法門。若無此體，就不能網羅這樣許多複雜的材料同事實。歐美人對於此道，尤具特長。有許多很好很有用的表，我們可以仿造。但造表可眞是不容易，異樣的材料便須異樣的圖表纔能安插。我去年嘗作先秦學術年表一篇，屢次易稿，費十餘日之精力始得完成。耗時用力，可謂甚大。然因此範繁賾的史事爲整飭化，亂蕪的文章爲簡潔，且使讀者一目瞭然，爲功亦殊不小。所以這種造表的技術，應該特別訓練。

丑　文采

次講文采。就是寫人寫事所用的字句詞章。同是記一個人，敍一件事，文采好的，寫得栩栩欲活；文采不好的，寫得呆雞木立。這不在對象的難易，而在作者的優劣。沒有文章素養的人，實在把事情寫不好，寫不活。要想寫活寫好，祇有常常模倣，常常練習。

文采的要素很多，專擇最要的兩件說說：

(一)簡潔　簡潔就是講翦裁的功夫，前面已經講了。大凡文章以說話少，含意多，爲最妙。文章的厚薄，卽由此分。意思少，文章長，爲薄。篇無剩句，句無剩字，爲厚。比如飲龍井茶，茶少水多爲薄，葉水相稱爲厚。不爲文章之美，多言無害。若爲文章之美，不要多說，祇要能把意思表明就得。做過一篇文章之後，要看可删的有多少，該删的便删去。我不主張文章作得古奧，總要詞達。所謂「詞達而已矣」，達之外不再加多，不再求深。我生平說話不行，而文章技術比說話強得多。我所要求的，是章無剩句，句無剩字。這件事很重要。至於如何纔能做到，祇有常作。

（二）飛動　爲甚麼要作文章？爲的是作給人看。尤其是歷史的文章，爲的是作給人看。若不能感動人，其價值就減少了。作文章，一面要謹嚴，一面要加電力。好像電影一樣，活動自然。如果電力不足，那就死在布上了。事本飛動，而文章呆板，人將不願看，就看亦昏昏欲睡。事本呆板，而文章生動，便字字都活躍紙上，使看的人要哭便哭，要笑便笑。如像唱戲的人，唱到深刻時，可以使人感動。假使想開玩笑而扳起面孔，便覺得毫無趣味了。不能使人感動，算不得好文章。旁的文章，如自然科學之類，尚可不必注意到這點。歷史家如無此種技術，那就不行了。司馬光作資治通鑑，畢沅作續資治通鑑，同是一般體裁。前者看去百讀不厭；後者讀一二次，就不願再讀了。光書筆最飛動，如赤壁之戰，淝水之戰，劉裕在京口起事，平姚秦，北齊北周沙苑之戰，魏孝文帝遷都洛陽，事實不過爾爾，而看去令人感動。此種技術，非練習不可。

如何可以養成史才？前人說，多讀，多作，多改。今易一字，爲「多讀，少作，多改。」多讀：讀前人文章，看他如何作法。遇有好的資料可以自己試作，與他比較；精妙處不妨高聲朗誦；讀文章有時非搖頭擺尾，領悟不來。少作：作時謹愼，眞是用心去作，有一篇算一篇，無須多貪；作筆記則不厭其多，天天作都好；作文章時，幾個月作一次亦不算少；要謹愼，要鄭重，要多改，要翻來覆去的看；從組織起到文采止，有不滿意處，就改，或翦裁，或補充，同一種資料，須用種種方法去作；每作一篇之後，擺在面前細看；常看旁人的，常改自己的；一篇文不妨改多少回，十年之後還可再改。這種工夫很笨，然天下至巧之事，一定從至笨來。古人文章做得好，也曾經過幾許甘苦。比如梅蘭芳唱戲唱得好，他不是幾天之內成功的，從前有許多笨工作，現在仍繼續不斷的有許多笨工作，凡事都是如此。

第三章　五種專史概論

五種專史，前文已經提到過。第一，人的專史；第二，事的專史；第三，文物的專史；第四，地方的專史；第五，時代的專史。本章既然叫着概論，不過提綱挈領的說一個大概；其詳細情形，留到分論再講。

甲　人的專史

自從太史公作史記，以本紀列傳爲主要部分差不多佔全書十分之七，而本紀列傳又以人爲主。以後二千餘年歷代所謂正史皆踵其例。老實講起來，正史就是以人爲主的歷史。

專以人爲主的歷史，用最新的史學眼光去觀察他，自然缺點甚多，幾乎變成專門表彰一個人的工具。許多人以爲中國史的最大缺點，就在此處。這句話，我們可以相當的承認：因爲偏於個人的歷史，精神多注重彰善懲惡，差不多變成爲修身教科書，失了歷史性質了。但是近人以爲人的歷史毫無益處，那又未免太過。歷史與旁的科學不同，是專門記載人類的活動的。一個人或一羣人的偉大活動可以使歷史起很大變化。若把幾千年來，中外歷史上活動力最強的人抽去，歷史倒底還是這樣與否，恐怕生問題了。譬如歐洲大戰，若無威廉第二，威爾遜，路易喬治，克里孟梭幾個人，歷史當然會另變一個樣子。歐洲大戰或者打不成，就打成也不是那樣結果。又如近三十年來的中國歷史，若把西太后袁世凱孫文吳佩孚……等人——甚至於連我梁啓超——沒有了去，或把這幾個人抽出來，現代的中國是個甚麼樣子，誰也不能預料：但無論如何，和現在的狀況一定不同。這就可見個人與歷史的關係，和人的歷史不可輕視了。

一個人的性格與趣及其作事的步驟，皆與全部歷史有關。太史公作史記，最看重這點。後來的正史，立傳猥雜而繁多，幾成爲家譜墓誌銘的叢編，所以受人詬病。其實史記並不如此，史記每一篇列傳，必代表某一方面的重要人物。如孔子世家孟荀列傳仲尼弟子列傳代表學術思想界最要的人物，蘇秦張儀列傳代表造成戰國局面的遊說之士，田單樂毅列傳代表有名將帥，四公子平原孟嘗信陵春申列傳代表那時新貴族的勢力，貨殖列傳代表當時經濟變化，遊俠列傳刺客列傳代表當時社會上一種特殊風尚。每篇都有深意。大都從全社會着眼，用人物來做一種現象的反影，並不是專替一個人作起居注。

在現代歐美史學界，歷史與傳記分科；所有好的歷史，都是把人的動作藏在事裏頭；書中爲一人作專傳的很少。但是傳記體仍不失爲歷史中很重要的部分。一人的專傳，如林肯傳，格蘭斯頓傳，文章都很美麗，讀起來異常動人。多人的列傳，如布達魯奇的英雄傳。專門記載希臘的偉人豪傑，在歐洲史上有不朽的價值。所以傳記體以人爲主，不特中國很重視，各國亦不看輕。因此，我們作專史，盡可以個人爲對象，考察某一個人在歷史上有何等關係。凡眞能創造歷史的人，就要仔細研究他，替他作很詳盡的傳。而且不但要留心他的大事，卽小事亦當注意。大事看環境，社會，風俗，時代；小事看性格，家世，地方，嗜好，平常的言語行動，乃至小端末節，概不放鬆。最要緊的是看歷史人物爲甚麼有那種力量。

每一時代中須尋出代表的人物，把種種有關的事變都歸納到他身上。一方面看時勢及環境如何影響到他的行爲，一方面看他的行爲又如何使時勢及環境變化。在政治上有大影響的人如此，在學術界開新發明的人亦然。先於各種學術中求出代表的人物，然後以人爲中心，把這個學問的過去未來及當時工作都歸納到本人身上。這種作法，有兩種好處：第一，可以拿着歷史主眼。歷史不外若干偉大人物集合而成。以人作標準，可以把所有的要點看得淸淸楚楚。第二，可以培養自己的人格。知道過去能造歷史的人物，人物素養如何，可以隨他學去，使志氣日益提高。所謂『奮乎百世之上，百世之下，聞者莫不興起也。』

乙　事的專史

歷史的事實，若泛泛看去，覺得很散漫，一件件的擺着，沒有甚麼關係。但眼光銳敏的歷史家，把歷史過去的事實，看成爲史蹟的集團，彼此便互相聯絡了。好像天上的星辰，我們看去是分散的；天文家看去，可以分出十二宮。無論何種事物，必把破碎的當作集團，纔有着眼的地方。研究歷史，必把一件件的史蹟看爲集團，纔有下手的地方。把史蹟看作集團研究，就是記事本末體。現代歐美史家，大體工作，全都在此。記事本末體是歷史的正宗方法。不過中國從前的記事本末，從袁樞起，直到現在，我都嫌他們對於集團的分合未能十分圓滿。卽如通鑑記事本末把資治通鑑所有事實由編年體改爲記事本末體，中間就有些地方分得太瑣碎，有些地方不免遺漏。也因爲資治通鑑本身偏於中央政治，他方政治異常簡略，政治以外的事實更不用提。所以過去的記事本末體，其共同的毛病，就是範圍太窄。我們所希望的記事本末體，要從新把每朝種種事實作爲集團，搜集資料，研究淸楚。大集團固然要研究，再分小點，亦可以研究。凡集團事蹟於一時代有重大影響的，須特別加以注意。

比如晚明時代的東林復社，他們的舉動，可以作爲一個集團來研究，把明朝許多事實都歸納到裏邊，一方面可以看類似政治團體的活動，以學術團體兼爲政治團體，實由東林起，至復社而色彩愈顯。這是中國史上一大事實，很值得研究。研究東林復社始末，方面很多。本來是學術機關，爲甚麼又有團體的政治運動？一方面可以看出學術的淵源及學風的趨勢。另一方面，可以看在野的智識階級的主張。每逢政治腐敗的時候，許多在野學者，本打算閉戶讀書；然而時勢所迫，又不能不出頭說話：這種情形，全由政治醞釀而成。非全部異常明瞭，一部很難了解。至於復社，本來是一個團體的別名，同時的其他團體尚多，不過以復社爲領袖，成爲一個聯合會社的性質。我們研究創社人的姓名，及各社員的籍貫，或作小傳，或作統計，可以看出復社的勢力在於何部，明亡以後，復社的活動於當時政治有何影響，滿洲入關，復社人物採取若何態度。從這些地方着手，明末清初的情形可以瞭如指掌了。

又如清世宗（雍正）的篡位前後情形，可以作爲一個集團來研究。把那時候許多事實都歸納到裏邊。這件事情，比較復社始末材料難找得多。因事涉宮闈，外人很難知道。但是這件事情，關係很大，是清史主要的部分。假使沒有雍正，就不會有乾隆，道咸光宣更不用說了。內容眞相若何，牽涉的方面很多。有關於外國的，如喇嘛教與天主教爭權，因爲世宗成了功，後來喇嘛教得勢，天主教衰落。有關於學術的；如西洋科學之輸入，因天主教被排斥，亦連帶的大受影響，幾乎中絕。有關於藩屬的，如清代之羈縻蒙古西藏，亦以喇嘛教爲媒介；即經營青海，還是要借重他。這種事情，蒙古西藏文中稍微有點資料，可以明瞭一部份；中國文字資料就很少。即如年羹堯的事蹟，當然和清史很有關係，我們看東華錄及雍正上諭的紀載，極其含糊，得不着一個明瞭的概念。若把所有資料完全搜出，可以牽連清朝全部歷史的關係。所以研究歷史的人，應當挑出一極大之事，作爲集團，把旁的事實，都歸納到裏面，再看他們的關係影響。研究一個集團，就專心把這個集團弄明白了，能得若干人分頭作去，把所有事的集團都弄清楚，那末全部歷史的主要脈絡就可一目瞭然了。

丙　文物的專史

最古的文物史要算史記的八書。史記於本紀列傳之外，另作禮樂律曆天官封禪河渠平準等書。後來班固作漢書，改稱爲志，不以人爲主，而以某制度或某事物爲主。凡所敍述，皆當代的文物典章。自太史公創此例，後代歷史，除小者外，如二十四史，皆同此例。而杜佑所作通典，純以制度爲主，上起三代，下至隋唐，一一加以考核。馬端臨仿其體裁作文獻通考，範圍更大，義蘊更博。通典所述限於一代朝制；通考所述，則於朝制之外，兼及社會狀況。此種著作，中國從前頗爲發達，就是我們所說的文物的歷史。通典通考可謂各種制度的總史，不是各種制度的專史。在杜佑馬端臨那個時候，有通典通考一類著作，便已滿足了。此刻學問分科，日趨精密，我們却要分別部居，一門一門的作去。一個人要作經濟史，同時又要作學術史目錄學，一定做不出有價值的著述來。要作經濟史，頂好就專門研究經濟。要作學術史，頂好就專門研究學術。要治目錄學，頂好就研究藝文志經籍志等。不惟分大類而已，還要分小類。卽如研究經濟史，可以看歷代食貨志。食貨中包含財政及經濟兩大部分，財政經濟又各有若干的細目。我們不妨各摘其一項，分擔研究，愈分得細愈好。既分擔這一項，便須上下千古，貫徹融通。例如專研究食貨中的財政的，在財政中又專研究租稅，在租稅中又專研究關稅；那末中國外國及關於關稅的資料都要把他搜集起來，看關稅如何起源，如何變遷，如何發展，關稅不平等的原因，事實影響如何，乃至現在的關稅會議如何召集，如何進行，關稅自主的要求如何運動，一一記載，解釋明白。這種的工作，比泛泛然作通典通考要切實得多，有意思得多，有價值得多。因爲整部的文物很籠統，很含混，無從下手，亦不容易研究明白。所以我主張一部分一部分的研究；先分一個大綱，如經濟文藝學術民族宗教……等，一二十條；再於每條之下，分爲若干類，如經濟之分爲財政租稅，文藝之分爲文學美術，學術之分爲經史，民族之分爲原始遷徙同化，宗教之分爲道佛等。擇其最熟悉最相近者，一個時候作一類，或者一個人作一類。久而久之，集少成多，全部文物不難完全暢曉了。

丁　地方的專史

地方的專史就是方志的變相。最古的方志要算華陽國志了，以後方志愈演愈多，省有省志，縣有縣志。近代大史家章實齋把方志看得極重；他的著作，研究正史的與研究方志的各得其半。方志，從前人不認爲史；自經章氏提倡後，地位纔逐漸增高。治中國史，分地研究，極爲重要。因爲版圖太大，各地的發展，前後相差懸殊。前人作史，專以中央政府爲中心，祇有幾個分裂時代以各國政府所在地爲中心；但中心地亦不過幾個；——三國有三個，十六國有十六個，——究未能平均分配。研究中國史，實際上不應如此。普通所謂某個時代到某個程度，乃指都會言之；全國十之七八全不是那樣一回事。我們試看分地研究的必要。比如一向稱爲本部十八省的雲南，在三國以前，與中國完全無關；自諸葛渡瀘以後，這纔發生交涉。然而雲南向來的發展，仍不與全部歷史的發展相同。唐時的南詔，宋時的大理，都是半獨立的國家。清初吳三桂據雲南，亦取半獨立的態度。三藩之亂旣平，設置巡撫，始與本部關係較密。然民國十五年來，雲南直接受中央轄制者不過二三年，其餘諸年仍然各自爲政。自古及今，雲南自身如何發展；中原發達的時候，雲南又受何等影響，有何種變化：這都是應當劃分出來單獨研究的事情。又如廣東，是次偏的省分，其文化的發達，亦不與中原同。自明以前，廣東的人物及事實，不能影響到中原的歷史，亦於中原的歷史上沒有相當的地位。再如安南朝鮮，現在不屬中國，然與中國歷史關係很深。安南作中國郡縣較廣東爲早，在黎氏莫氏獨立尙未終了時，歐人東來，遂被割去。若雲南當南詔大理或吳三桂獨立未終時，外人適來，恐亦將被割去啊。所以我們對於安南朝鮮這一類地方，也應當特別研究，不能因爲現在已經失掉而置之不理。上面所說的，還是邊遠省分。說近一點，如中原幾省，最初居住的是什麼人？河南山東如何變成爲中華民族的中心？後經匈奴東胡民族的蹂躪，又起了多大變化？這些都是應當特別研究的事情。如欲徹底的了解全國，非一地一地分開來研究不可。普通說中國如何如何，不過政治中心的狀況，不是全國一致的狀況。所以有作分地的專史之必要。廣博點分，可以分爲幾大區；每區之中，看他發達的次第。精細點分，可以分省分縣分都市；每縣每市，看他進展的情形。破下工夫，仔細研究各人把鄉土的歷史風俗事故人情考察明白，用力甚小，而成效極大。

戊　斷代的專史

在整部歷史中，可以劃分爲若干時代，如兩漢六朝隋唐宋元明清；每一個時代中，可以又劃分爲若干部分，如人的，事的，文物的，地方的。含着若干部分，成爲一個時代；合著若干時代，成爲一部總史。總史橫集前述四種材料，縱集上下幾千年的時間。因爲總史不易研究，纔分爲若干時代，時代的專史就是從前所謂斷代爲史，起自班固，後世因之，少所更改。不過舊時的斷代，以一姓興亡作標準，殊不合宜。歷史含繼續性，本不可分。爲研究便利起見，挑出幾樣重大的變遷，作爲根據，勉強分期，尙還可以。若不根據重大變遷而根據一姓興亡，那便毫無意義了。皇帝儘管常換，而社會變遷甚微，雖屬幾代，仍當合爲一個時期。皇帝儘管不換，而社會變遷極烈，雖屬一代，仍當分爲幾個時期。比如南北朝，總共不過百六十七年，而南朝有宋齊梁陳四代，北朝有北魏北齊北周三代。若以一姓興亡分，應當分爲四個或三個時期了。然此百六十七年間，社會上實無多大變化，所以我們仍當作爲一個時期研究。其次述五代五代不過五十二年，有梁唐晉漢周五個朝代。若以一姓興亡分，應當分爲五個時期；然此五十二年間，社會上亦沒有多大變化：所以我們應當作爲一個時期研究。上面是說皇帝換姓而社會不變的，雖然是分，應當合攏來研究。又有皇帝姓氏不換而社會變遷劇烈的，雖然是合，應當分開來研究。比如有清一代，道咸而後，思想學術政治外交經濟生活，無一不變。不特是清代歷史的大變遷，並且是全部歷史的大變遷。我們儘可以把道咸以前，劃分爲一個時期，道咸以後，另劃爲一個時期。不必拘於成例，以一姓興亡作爲標準，籠統含糊下去。果爾，一定有許多不便利的地方。歷史是不可分的，分期是勉強的。一方面不當太呆板，以一姓興亡作根據，像從前一樣；換一方面，又不當太籠統，粗枝大葉的分上古中古近世三個時期。比較妥當一點的，還是劃春秋爲一個時期，戰國爲一個時期，兩漢爲一個時期（或分或合均可）三國兩晉南北朝爲一個時期，隋唐爲一個時期，宋遼金元明爲一個時期，清分爲兩個時期。這種分法，全以社會變遷作標準。在一個時期當中，可以看出思想學術政治經濟改換的大勢，比較容易下手，材料亦易搜集。不管時期的長短，橫的方面，各種事實要把牠弄淸楚。時代的專史，爲全通史的模型。專史做得好，通史就做得好。此種專史，亦可分每人擔任一項，分別做去。

以上講五種專史的概說，以下就要講五種專史如何做法。按照現在這個次序，一種一種的講去。同學中有興趣的，或者有志作史家的，於五種之中，認定一項，自己搜集，自己研究，自己著述，試看。果能聚得三五十個同志，埋頭用功，祇須十年功夫，可以把一部頂好的中國全史做出來。人數多，固然好；若不然，能得一半的同志，甚至於十個同志，亦可以把整部歷史完全做出。我擔任這門功課，就有這種野心。但是能否成功，那就看大家的努力如何了。

分論一　人的專史

第一章　人的專史總說

人的專史，是專以人物作本位所編的專史，大概可分爲五種形式：

（一）列傳

（二）年譜

（三）專傳

（四）合傳

（五）人表

（一）列傳　列傳這個名稱，係由正史中採用下來。凡是一部正史，將每時代著名人物羅列許多人，每人給他作一篇傳，所以叫做列傳。列傳的主要目的雖在記敍本人一生的事蹟，但是國家大事，政治狀況，社會情形，學術思想，大部分都包括在裏邊。列傳與專傳不同之點：專傳以一部書記載一個人的事蹟；列傳以一部書記載許多人的事蹟。專傳一篇卽是全書；列傳一篇不過全書中很小的一部分。列傳的體裁與名稱，是沿用太史公以來成例，在舊史中極普通，極發達。列傳著法，具詳二十四史各種體裁，應有盡有。至於其中有些特別技術的應用，下文再講。

（二）年譜　這種著作，比較的起得很晚，大致在唐代末年始見發達。現在傳下來的年譜，以韓愈柳宗元二人的年譜爲最古。年譜與列傳不同之點：列傳敍述一生事蹟，可以不依發生的前後，但順着行文之便，或著者注重之點，提上按下，排列自由；年譜敍述一生事蹟，完全依照發生前後，一年一年的寫下去，不可有絲毫的改動。章實齋說：「年譜者，一人之史也。」年譜所述，不外一個人歷史的經過。這種體裁，其好處在將生平行事，首尾畢見，鉅細無遺。比如一個政治家的年譜，記載他小時如何，壯年如何，環境如何，功業如何，按年先後，據事直書。一個學者的年譜，記載某年讀甚麼書，某年作甚麼文，某年從甚麼師，某年交甚麼友，思想變遷，全可考見。一個發明家的年譜，記載他們如何研究，如何改良，如何萌芽，如何成熟，事功原委，一目了然。無論記載事業的成功，思想的改變，器物的發明，都要用年譜體裁，纔能詳細明白。所以年譜在人的專史中，位置極爲重要。

(三)專傳　專傳亦可以叫做專篇，這個名詞是我杜撰的，尚嫌他不大妥當；因爲沒有好名詞，不妨暫時應用。我所謂專傳，與列傳不同。列傳分列在一部史中；專傳獨立成爲專書。隋書經籍志雜傳一門著錄二百餘部，其中屬於一人的專傳，如曹參傳一卷，東方朔傳八卷，毋丘儉記三卷之類，亦不下十餘種，可惜都不傳了。現在留傳下來的，要算慧立所著慈恩三藏法師傳（卽玄奘傳）爲最古，全書有十卷之多。不過我所謂專傳，與從前的專傳，尙微有不同。隋志諸傳已經亡失，其體裁如何，今難確指。專就現存的三藏傳而論，雖然很詳博，但仍祇能認爲粗製品的史料，不能認爲組織完善的專書。大概從前的專傳，不過一篇長的行狀。——近人著行狀，長至一二萬字的，往往有之。——只能供作列傳的取材，不能算理想的專傳。我的理想專傳，是以一個偉大人物對於時代有特殊關係者爲中心，將周圍關係事實歸納其中；橫的豎的，網羅無遺。比如替一個大文學家作專傳，可以把當時及前後的文學潮流，分別說明。此種專傳，其對象雖止一人，而目的不在一人。擇出一時代的代表人物，或一種學問一種藝術的代表人物，爲行文方便起見，用作中心。此種專傳，從前很少。新近有這種專傳出現，大致是受外國傳記的影響，可惜有精采的作品還不多。列傳在歷史中雖不能說全以人物爲主，但有關係的事實很難全納在列傳中。即如做諸葛亮專傳與做諸葛亮列傳便不同。做列傳就得把與旁人有關係的事實分割在旁人的傳中講，所以魯肅傳劉表傳劉璋傳曹操傳張飛傳都有諸葛亮的事，不能把所有關係的事都放在諸葛亮列傳中。若做專傳，那是完全另是一回事；凡有直接關係的，都以諸葛亮爲中心，全數搜集齊來；甚至有間接關係的，如曹操劉備呂布的行爲舉止，都要講清楚：然後諸葛亮的一生纔能完全明白。做專傳又與做年譜不同。年譜很呆板：一人的事蹟全以發生的先後爲敍，不能提前抑後；許多批評的議論，亦難插入；一件事直接或間接的關係，更不能盡量納在年譜中。若做專傳，不必依年代的先後，可全以輕重爲標準，改換異常自由；內容所包，亦比年譜豐富；無論直接間接，無論議論敍事，都可網羅無剩。我們可以說，人的專史以專傳爲最重要。

(四)合傳　合傳這種體裁，創自太史公。太史公的合傳，共有三種：

(1)兩人以上平等敍列。如管晏列傳，屈賈列傳，無所謂輕重，亦無所謂主從。

（2）一人爲主，旁人附錄。如孟荀列傳，標題爲孟子荀卿，而內容所講的有三騶子田駢愼到環淵接子墨子淳于髡公孫龍劇子李悝尸子長盧吁子等一二十人，各人詳略不同。此種專以一二人較偉大的人物爲主，此外都是附錄。

（3）許多人平列，無主無從。如仲尼弟子列傳，七十餘人，差不多都有敍述。如儒林列傳，西漢傳經的人，亦差不多都有敍述。

在史記中，合傳的體裁，有上列三種。後代的正史，合傳體裁，更爲複雜。如漢書楚元王傳有兩卷之多，楚元王交的傳何以會有那樣長？因爲劉向劉歆都是楚元王幾代的子孫，本身的事情雖少，劉向劉歆的事情就很多。這種體裁，後來南北史運用得極廣。因爲南北朝最講門第，即如江右王謝，歷朝皆握政權，皇帝儘管掉換而世家緜延不絕；諸王諸謝，父子祖孫，合爲一傳，變成家譜的性質，一家一族的歷史可以由其中看出。此種合傳的方法，爲著歷史的開了許多方便。許多人附見在一個人傳中，因一個重要的而其餘次要的都可記載下去。如孟荀列傳若不載許多人，那我們頂多只知道孟荀，至於鄒衍的終始五德之說，我們就不曉得了。合傳體裁的長處，就是能够包括許多够不上作專傳而有相當的貢獻，可以附見於合傳中的人。其作用不單爲人，而且可以看當時狀況。如孟荀列傳就可以看出戰國時學術思想的複雜情形。此種體裁章實齋最恭維。可合的人，就把他們合在一起。章氏並主張另用一種「人名別錄。」他所著湖北通志屢用此法。敍某一件重要事情，把有關係的人通作一個別錄。比如嘉定守城傳，把守城時何人任何職分，陣亡的多少，立功的多少，通統列在別錄上。這種可爲合傳體運用得最廣最大的一個例子。又如復社名士傳，先講復社的來源，次講如何始入湖北，又次調查湖北人列名復社者多少，以縣分之，最後又考明亡以後，殉難者多少，當遺老者多少，出仕清朝者多少。這種亦可爲合傳體運用得最廣最大的一個例子。人物專史應當常用這種體裁。

(五)人表　人表的體裁，始創於漢書古今人表；他把古今人物分爲九等，卽上上，上中，上下，上中，中中，中下，中上下，中下，下下；所分的人並不是漢人，乃漢以前的人，與全書體例不合。這九等的分法，無甚標準，好像學校中考試的成績表一樣無聊。後來史家非難的很多，章實齋則特別的恭維，以爲篇幅極少而應具應見的人皆可詳列無遺。我們看來，單研究漢朝的事蹟，此表固無用處；

但若援引其例，作爲種種人表，就方便得多。後來唐書方鎭表宰相世系表，其做法亦很無聊。攻擊的人亦極多，一般讀唐書的人看表看得頭痛。但是某人某事旁的地方看不見的，可在方鎭世系表中查出，我們認爲是很大的寶貝。章實齋主張擴充漢書古今人表，唐書宰相世系表的用意作爲種種表；凡人名够不上見於列傳的，可用表的形式列出。「人名別錄」亦卽可爲其中的一種。章氏所著幾部志書，人表的運用都很廣，所以人的專史人表一體，亦很重要。卽如講復社始末材料雖多。用表的方法還少有人做過。若有復社人名表，則於歷史研究上，方便了許多。又如講晚明流寇，流寇材料亦不少，若有一張流寇人名表，把所有流寇姓名，擾亂所及的地方，被剿滅的次第……等等，全用表格列出，豈不大省事而極明白嗎？又如將各史儒林傳，改成儒林人名表，或以所治之經分列，或以傳授系統分列，便可以用較少的篇幅記載較多之事實。又如唐代藩鎭之分合興亡，紛亂複雜，讀史雖極勤苦，瞭解不易，若製成簡明的人表，便一目了然。諸如此類，應用可以甚廣。

第二章　人的專史的對相

所謂人的專史的對相，就是講那類的人我們應該為他作專史。當然，人物要偉大作起來纔有精采，所以偉大人物是作專史的主要對相。但所謂偉大者，不單指人格的偉大，連關係的偉大也包在裏頭。例如袁世凱西太后人格雖無可取，但不能不算是有做專史價值的一個人物。有許多偉大人物可以做某個時代的政治中心，有許多偉大人物可以作某種學問的思想中心，這類人最宜於做大規模的專傳或年譜，把那個時代或那種學術都歸納到他們身上來講。五種人的專史中人表的對相不成問題，可以隨便點；其餘四種，都最重要。大概說來，應該作專傳或補作列傳的人物，約有七種：

（一）思想及行為的關係方面很多，可以作時代或學問中心的，我們應該為他們作專傳。有些人，偉大儘管偉大，不過關係方面太少，不能作時代或學問的中心，若替他作專傳就很難作好。譬如文學家的李白杜甫都很偉大；把杜甫作中心，將唐玄宗肅宗時代的事實歸納到他身上，這樣的傳可以作得精采；若把李白作為中心，要作幾萬字的長傳，要包涵許多事實，就很困難。論作品是一回事，論影響又是一回事。杜詩時代關係多，李詩時代關係少。敍述天寶亂離的情形，在杜傳中是正當的背景，在李傳中則成爲多餘的廢話。兩人在詩界地位相等，而影響大小不同。杜詩有途徑可循，後來學杜的人多，由學杜而分出來的派別亦多。李詩不可捉摸，學李的人少，由學李而分出來的派別更少。所以李白的影響淺，杜甫的影響深。二人同爲偉大，而作傳方法不同。爲李白作列傳，已經不易；爲李白作年譜或專傳，更不可能。反之，爲杜甫作年譜，作專傳，材料比較豐富多了。所以作專傳一面要找偉大人物；一面在偉大人物中，還要看他的性質關係如何，來決定我們做傳的方法。

（二）一件事情或一生性格有奇特處，可以影響當時與後來，或影響不大而值得表彰的，我們應該爲他們作專傳。譬如史記有魯仲連傳，不過因爲魯仲連曾解邯鄲之圍。誠然，以當時時局而論，魯仲連義不帝秦，解圍救趙，不爲無關；但是還沒有多大重要。太史公所以爲他作傳，放在將相文士之間，完全因他的性格俊拔，獨往獨來，談笑卻秦軍，功成不受賞。像這樣特別的性格，特別的行爲，很可以令人佩服感動。又如後漢書有臧洪傳，不過因爲他能爲故友死義。洪與張超但屬戚友，初非君臣。張超爲曹操所滅，洪怨袁紹坐視不救，擁兵抗紹，爲紹所殺。袁紹張超臧洪在歷史上俱無重大關係，不過臧洪感恩知己，以身殉難，那種慷慨凜冽的性格，確是有可以令人佩服的地方。再如漢書楊王孫傳，不記楊王孫旁的事情，專記他臨死的時候，主張裸葬：衣衾棺槨，一概不要，還說了許多理由；後來他的兒子覺得父命難從，卻拗不過親友的督責，只得勉強遵辦。他的思想，雖沒有墨子那樣大，然比墨子還走極端，連桐棺三寸都不要，不管旁人聽否，自己首先實行，很可以表示特別思想特別性格。幾部有名的史書，對於這類特別人，大都非常注意。我們作史，亦應如此。偉大人物之中，加幾個特別人物，好像燕窩魚翅的酒席，須得有些小菜點綴纔行。

（三）在舊史中沒有記載，或有記載而太過簡略的，我們應當爲他作專傳。這種人，偉大的亦有，不偉大的亦有。偉大的，旁人知道他，正史上亦曾提到過，但不詳細，我們應當爲他作傳。譬如墨翟是偉大人物，史記中沒有他的列傳，僅附見於孟荀列傳，不過二十幾個字。近人孫仲容根據墨子本書及其他先秦古籍，作墨子列傳及年表。這就是一個很好的例。又如荀子是偉大人物，雖有孟荀列傳，但是太過簡略。清人汪中替他作荀子年表，胡元儀作荀卿子列傳。這亦是很好一個例。皆因從前沒有列傳，後人爲他補充；或者從前的傳太簡略，後人爲他改作。這類應該補作或改作之傳，以思想家文學家等爲最多。例如王充劉知幾鄭樵……等，在他們現存的著作中，便有很豐富的資料，足供我們作成極體面的專傳。另有許多人，雖沒有甚麼特別偉大，但事蹟隱沒太甚，不曾有人注意，也該專爲他作傳表彰。例如唐末守瓜州的義潮，賴有近人羅振玉替他作一篇傳，我們纔知道有這麼一位義士名將。又如作儒林外史的吳敬梓，前人根本不承認這本書有價值，書的作者更不用說了。近人胡適之纔替他作一篇傳出來，我們纔認識這個人的文學地位。這些都是很好的例。總之，許多有相當身分的人，不管他著名不著名，不管正史上沒有傳或有傳而太過簡略，我們都應該整篇的補充，或一部分的改作。

(四)從前史家有時因爲偏見，或者因爲挾嫌，對於一個人的記載，完全不是事實。我們對於此種被誣的人，應該用辯護的性質替他重新作傳。歷史上這類人物很多，粗略說起來，可以分下列三種：

(1)完全挾嫌，造事誣衊。這類事實，史上很多。應該設法辯護。譬如作後漢書的范曄，以叛逆罪見殺；在宋書及南史上的范曄本傳中，句句都是構成他的眞罪狀，後人讀起來，都覺得曄有應死之罪，雖然作得這麼好的一部後漢書，可惜文人無行了。這種感想，千餘年來深入人心。直到近代陳澧（蘭甫）在他的東塾集裏面作了一篇申范，大家纔知完全沒有這回事。當時造此冤獄，不過由幾位小人搆煽，而後此含冤莫雪，則由沈約一流的史家挾嫌爭名，故爲曲筆。陳蘭甫替他作律師，即在本傳中將前後矛盾的語言，及各方可靠的證據，一一陳列起來，證明他絕無謀反之事。讀了這篇之後，纔知道不特范曄的著作令人十分讚美，就是范曄的人格也足令人十分欽佩。又如宋代第一個女文學家，塡詞最有名的李清照（易安）在中國史上，找這樣的女文學家，眞不易得。她塡詞的藝術，可以說壓倒一切男子。就讓一步講，亦在當時詞家中算前幾名。她本來始終是金石錄的作者趙明誠的夫人，並未改嫁。但因雲麓漫鈔載其謝綦崇禮啟，濫採僞文，他說改嫁張汝舟，與張汝舟不和，打官司，有「猥以桑榆之末影，配玆駔儈之下才」等語，宋代筆記遂紛紛記載此事。後人對於李易安雖然很稱讚她的詞章，但瞧不起她的品格。到近代俞正燮在他的癸巳類稿中有一篇易安居士事輯，將她所有的著作，皆按年月列出，證明她絕無改嫁之事，又搜羅各方證據，指出改嫁謠言的來歷。我們讀了這篇以後，纔知道不特易安的詞章優美，就是她的品節，亦沒有可訾的地方。這類著述，主要工作全在辨別史料之眞僞，而加以精確的判斷。陳俞二氏所著，便是極好模範。歷史上人物，應該替他們做洗冤錄的，實在不少。我們都可以用這種方法做去。

（2）前代史家，或不認識他的價值，或把他的動機看錯了，因此所記的事蹟，便有偏頗，不能得其眞相。這類事實，史上亦很多。應該替他改正。譬如提倡新法的王安石，明朝以前的人都把他認爲極惡大罪，幾欲放在奸臣傳內，與蔡京童貫同列。宋史本傳雖沒有編入奸臣一類，但是天下之惡皆歸，把金人破宋的罪名亦放在安石頭上。這不是托克托有意誣衊他，乃是托克托修宋史的時候，不滿意安石的議論在社會上已很普遍了，不必再加議論，所載事蹟已多不利於安石，讀者自然覺其可惡。但是我們要知道王安石絕對不是壞人，至少應當如陸象山王荊公祠堂記所批評，說他的新法，前人目其孳孳爲利，但此種經濟之學，在當時實爲要圖。朱子亦說他「剛愎誠然有之，事情應該作的。」他們對於安石的人格，大體上表示崇敬。但是宋史本傳那就完全不同了，所以我們認爲有改作的必要。乾嘉時候蔡元鳳（上翔）作王荊公年譜專門做這種工作，體裁雖不大對，文章技術亦差，惟極力爲荆公主張公道，這點精神卻很可取。又如秦代開國功臣的李斯，爲二世所殺，斯死不久，秦國亦亡，漢人對於秦人，因爲有取而代之的關係，當然不會說他好。史記的李斯傳，令人讀之不生好感。李斯旁的文章很多，一概不登，只登他的諫逐客書及對二世書，總不免有點史家上下其手的色彩。他的學問很好，曾經作過戰國時候第一流學者荀卿的學生；他的功業很大，創定秦代的開國規模；間接又是後代的矩範。漢代開國元勳如蕭何曹參，都不過是些刀筆小吏，因緣時會，說不上學問，更說不上建設。漢代制度十之八九從秦代學來，後代制度，又大部分從漢代學來。所以李斯是一個大學者，又是頭一個統一時代的宰相，憑他的學問和事功，都算得歷史上的偉大人物，很值得表彰一下。不過遲至現在，史料大都湮沒，祇好將舊有資料補充補充。看漢人引用秦人制度的地方有多少，也許可以看出李斯的遺型。總之李斯的價值，要從新規定一番，是無疑的。

（3）爲一種陳舊觀念所束縛，帶起着色眼鏡看人，把從前人的地位身分全看錯了。這類事實，史上很多。應該努力洗刷。例如曹操代漢，在歷史上看來，這是力征經營當然的結果，和漢高祖唐太宗們之得天下實在沒有甚麼分別。自從三國演義通行後，一般人都當他作奸臣，與王莽司馬懿同等厭惡。平心而論，曹操與王莽司馬懿絕然不同。王莽靠外戚的關係，騙得政權；即位之後，百事皆廢。司馬懿爲曹氏顧命大臣，欺人孤兒寡婦，狐媚以取天下。這兩人心地的殘酷，人格的卑汚，那裏够得上和曹孟德相提並論？當黃巾董卓李傕郭汜多次大亂之後，漢室快要亡掉；曹孟德最初以忠義討賊，削平羣雄。假使爽爽快快作一個開國之君，誰能議其後？祇因玩一回挾天子以令諸侯的把戲，竟被後人搽上花臉，換個方面看待。同時的劉備孫權，事業固然比不上曹操的偉大，人格又何嘗能比曹操高尚？然而曹操竟會變成天下之惡皆歸，豈非朱子綱目以後的史家任情褒貶，漸失其實嗎？又如劉裕代晉，其撥亂反正之功，亦不下於曹操。看他以十幾個同志在京口起義，何等壯烈！滅南燕，滅姚秦，把五胡亂華以後的中原，幾乎全部恢復，功業何等雄偉！把他列在司馬懿蕭道成中間，看做一丘之貉，能算公平嗎？宋以後的士大夫，對於曹操劉裕一類人物，特別給他們不好的批評，一面是爲極狹隘極冷酷的君臣之義所束縛，以一節之短處，抹殺全部的長處，一面因爲崇尚玄虛，鄙棄事功，成爲牢不可破的謬見。對於這類思想的矯正，固然是史評家的責任最大，但敍述的史家亦不能不分擔其責。總而言之，凡舊史對於古人價值認識錯誤者，我們都盡該下番工夫去改正他。

（五）皇帝的本紀及政治家的列傳，有許多過於簡略，應當從新作過。因爲所有本紀，在全部二十四史中，都是編年體，作爲提綱絜領的線索，盡是些官樣文章，上面所載的都不過上諭日蝕饑荒進貢任官一類事情。所以讀二十四史的人，對於名臣碩儒，讀他們的列傳，還可以看出一個大概；對於皇帝，讀他們的本紀，反爲看不清楚。皇帝的事往往散見在旁的列傳中，自然不容易得整個的概念了。皇帝中亦有偉大人物，於國體政體上，別開一個生面，如像秦始皇漢高祖漢武帝漢光武魏武帝漢昭烈帝吳大帝北魏孝文帝北周武帝唐太宗宋太祖元世祖明太祖清聖祖清世宗清高宗，何止一二十個人，都於一時代有極大的關係。可惜他們的本紀作得模糊影響，整個的人格和氣象完全看不出來。此外有許多大政治家亦然，雖比皇帝的本紀略爲好些，但因爲作的是列傳，許多有關係的事實不能不割裂到其他有關係的人物的傳中去。卽如諸葛武侯的事蹟，單看三國志的諸葛亮列傳，看不出他的偉大處來，須得把蜀志甚至於全部三國志都要讀完，考察他如何行政，如何用人，如何聯吳，如何伐魏。纔能了解他的才能和人格。這種政治上偉大人物，無論爲君爲相，很可以從各列傳中把材料鈎稽出來，從新給他們一人作一個專傳。

（六）有許多外國人，不管他到過中國與否，祇要與中國文化上政治上有密切關係，都應當替他們作專傳。譬如釋迦牟尼，他雖然不是中國人，亦沒有到過中國；但是他所創立的佛教在中國思想界佔極重要的一部分。爲自己研究的便利起見，爲世界文化的貢獻起見，都有爲他作專傳的必要。又如成吉斯汗，他是元代的祖宗，但是元代未有中國以前的人物，其事實不在中國本部，可以當作外國人看待。他的動作關係全世界，很值得特別研究。可惜元史的記載太簡略了，描寫不出他偉大的人格與事功。所以我們對於成吉斯汗，可以說有爲他作專傳的義務。此外，如馬可孛羅，意大利人，他的生活大部分在中國，曾作元朝的客卿，他是第一個著書把中國介紹到歐洲去的人，在東西交通史佔得重要的位置。我們中國人不能不了解他。又如利馬竇南懷仁湯若望龐迪我……諸人，他們在明末清初的時候，到中國來，一面輸入天主教，一面又輸入淺近的科學。歐洲方面，除教會外，很少人注意他們。中國方面，因爲他們在文化上有極大的貢獻，我們就不得不特別重視了。又如大畫家的郎世寧，他的生活大部分在中國，於輸入西洋美術上，功勞很大。他在歐洲美術界只能算第二三等脚色，在中國美術界就要算西洋畫的開山祖師。歐洲人可以不注重，我們不能不表彰。更如創辦海軍的琅威爾，作中國的官，替中國出力，清季初期海軍由他一手練出；雖然是外國人，功在中國，關於他的資料，亦以中國爲多，西文中尋不出甚麽來。這類人物，大大小小，不下一二十個，在外國不重要，沒有作專傳的必要，在中國很重要，非作專傳不可。有現成資料，固然很好；就是難找資料，亦得設法找去。

（七）近代的人學術事功比較偉大的，應當爲他們作專傳。明以前的人物，因爲有二十四史，材料還較易找。近代的人物，因爲淸史未出，找材料反覺困難。現在要爲淸朝人作傳，自然要靠家傳行狀和墓誌之類。搜羅此種史料最豐富的，要算碑傳集同國朝耆獻類徵二書。其中有許多偉大人物，資料豐富，不過仍須經一番別擇的手續。但是有許多偉大人物並此種史料而無之。例如年羹堯，我們雖知他曾作大將軍，但爲雍正所殺害的情形和原因，卻很難確實知道。雖爲一時代的重要人物而事蹟渺茫若此，豈不可惜！又如章學誠，算得一個大學者了。但是耆獻類徵記載他的事，只有兩行，並且把章字誤作張字。像他這樣重要的人物，將來淸史修成，不見得會有他的列傳，縱有列傳也許把章字誤成張字，亦未可知，或者附在文苑傳內，簡單的說一兩行也說不定。研究近代的歷史人物，我們很感苦痛，本來應該多知道一點，而資料反而異常缺乏。我們應該盡我們的力量搜集資料，作一篇算一篇。尤其是最近的人，一經死去，蓋棺論定，應有好傳述其生平，卽如西太后，袁世凱，蔡鍔，孫文，都是淸末民初極有關係的人，可惜都沒有好傳。此時不作，將來更感困難。此時作，雖不免雜點偏見，然多少尙有眞實資料可憑。此時不作，往後連這一點資料都沒有了。

如上所述，關係重要的，性情奇怪的，舊史不載的，挾嫌誣衊的，本紀簡略的，外國的，近代的人物，都有替他作專傳的必要。人物專史的對象，大概有此七種。

說到這兒，還要補充幾句。有許多人雖然偉大奇特，絕對不應作傳。這種人約有兩種：

（一）帶有神話性的，縱然偉大，不應作傳。譬如黃帝很偉大，但不見得眞有其人。太史公作五帝本紀，亦作得恍惚迷離。不過說他「生而神明，弱而能言，幼而徇齊，長而敦敏，成而聰明。」這些話，很像詞章家的點綴堆砌，一點不踏實，其餘的傳說資料儘管豐富，但絕對靠不住。縱不抹殺，亦應懷疑。這種神話人物，不必上古，就是近古也有。譬如達摩，佛教的禪宗奉他為開山之祖。但是這個人的有無，還是問題。縱有這個人，他的事業究竟到甚麼程度，亦令人茫然難以捉摸。無論古人近人，祇要帶有神話性，都不應替他作傳，作起來亦是渺渺茫茫，無從索解。

（二）資料太缺乏的人，雖然偉大奇特，亦不應當作傳。比如屈原，人格偉大，但是資料枯窘得很。太史公作屈原列傳，完全由淮南王安的離騷序裏面抄出一部分來。傳是應該作的，可惜可信的事蹟太少了。戰國時代的資料本來缺乏，又是文學家，旁的書籍記載很少，本身著作可以見生平事蹟的亦不多。對這類人，在文學史上講他的地位是應該的，不過只可作很短的小傳，把史傳未載的，付之闕如；有可疑的，作為筆記，以待商榷。若勉強作篇詳傳，不是徒充篇幅，就是涉及武斷，反而失卻作傳的本意了。又如大畫家吳道子，大詩家韋蘇州，人物都很偉大，史上無傳，按理應該補作。無如吳道子事蹟稀少，傳說概不足信；韋蘇州雖有一時豪俠飲酒殺人的話，不過詩人口昭，有多方面的解釋。這類不作傳似乎不好，勉強作傳，又把史學家忠實性失掉了去。這兩種人，有的令人崇拜，有的令人讚賞，有的令人惋惜，本來應該作傳，可惜沒有資料。假使另有新資料發見，那時又當別論。在史料枯窘狀況之下，不能作亦不應作，祇好暫時擱下吧。

應該作專傳和不應該作專傳的人，上面既已說了個標準，其餘三種人的專史——年譜，列傳，合傳——也可就此類推，現在不必詳說了。

第三章　做傳的方法

今天所講的作傳方法，偏重列傳方面；但專傳亦可應用。列傳要如何作，我現在沒有想得周到，不能夠提出多少原則來。我是一面養病，一面講演，祇能就感想所及，隨便談談，連自己亦不滿意。將來有機會，可再把新想到的原則，隨時添上去。

爲一個人作傳，先要看爲甚麼給他做，他值得作傳的價值在那幾點。想清楚後，再行動筆。若其人方面很少，可只就他的一方面極力描寫：爲政治家作傳，全部精神偏在政治。爲文學家作傳，全部精神偏在文學。若是方面多，就要分別輕重：重的寫得多，輕的寫得少，輕重相等則平均敍述。兩人同作一事，應該合傳的，不必強分。應該分傳的，要看分在何人名下最爲適當。

（一）爲文學家作傳的方法　作文學家的傳，第一，要轉錄他本人的代表作品。我們看史記漢書各文人傳中，往往記載很長的文章。例如史記的司馬相如列傳就把幾篇賦全給他登上。爲甚麼要費去這麼多的篇幅去登作品？何不單稱他的賦作得好，並列舉各賦的篇名？因爲司馬相如所以配稱爲大文學家，就是因那幾篇賦有價值。那幾篇賦，現在文選上有，各種選本上亦有，覺得很普遍；並不難得；但是要知道，如果當初正史上沒有記載，也許失去了，我們何從知道他的價值呢？第二若是不登本人著作，則可轉載旁人對於他的批評。但必擇純客觀的論文，能夠活現其人的全體而非評騭枝節的。譬如舊唐書的杜甫傳，把元微之一篇比較李杜優劣的文章完全登在上面，這是很對的。那篇文章從詩經說起，歷漢魏六朝說到唐，把幾千餘年來詩的變遷，以及杜甫在詩界的地位，都寫得異常明白。新唐書把那篇文章刪去，（旁的還刪了許多零碎事情，）自謂事多於前，文省於舊，其實不然。經這一刪，反爲減色。假使沒有杜工部集行世，單讀新唐書杜甫傳，我們絕不會知他是這樣偉大的人物。爲文學家作傳的正當法子，應當像太史公一樣，把作品放在本傳中。章學誠就是這樣的主張。這種方法，雖然很難，但是事實上應該如此。爲甚麼要給司馬相如杜甫作傳，就是因爲他們的文學好。不載文章，眞沒有作傳的必要。最好能像史記司馬相如列傳登上幾篇好賦，否則須像舊唐書杜甫傳登上旁人的批評。縱然杜工部集失掉了去，我們還可以想見他的作風同他的地位。舊唐書登上元微之那篇論文，就是史才超越的地方；新唐書把牠刪去，就是史識不到的地方。

（二）爲政治家作專傳的方法　作政治家的傳，第一要登載他的奏議同他的著作。若是不登這種文章，我們看不出他的主義。後漢書的王充仲長統王符合傳，就把他們三人的政論完全給他登上。爲甚麼三人要合傳，爲的是學說自成一家，思想頗多脗合。爲甚麼要爲他們登載政論，因爲他們三人除了政論以外，旁的沒有甚麼可記。范蔚宗認爲論衡昌言潛夫論可以代表三家的學說，所以全登上了。論衡今尚行世，讀原書然後知道蔚宗所錄尙不完全。但是昌言同潛夫論，或已喪失，或已殘闕，若無後漢書這篇傳，我們就沒有法子知道仲長統和王符有這樣可貴的政見。第二，若是政論家同時又是文學家，而政論比文學重要，與其登他的文章，不如登他的政論。史記的屈原賈生列傳，對於屈原方面事跡模糊，空論太多。這種借酒杯澆塊壘的文章，實在作的不好，這且勿論。對於賈生方面專載他的鵩鳥賦，弔屈原賦，完全當作一個文學家看待，沒有注意他的政見，未免太粗心了。漢書的賈生列傳就比史記做得好，我們看那轉錄的陳政事書，就可以看出整個的賈誼。像賈誼這樣人，在政治上眼光很大，對封建，對匈奴，對風俗，都有精深的見解。他的陳政事書，到現在還有價值。太史公沒有替他登出，不是祇顧發牢騷，就是見識不到，完全不是作史的體裁。

（三）爲方面多的政治家作傳的方法　有許多人方面很多，是大政治家，又是大學者，這種人應當平均敍述。我們平常讀明史的王守仁傳，總覺得不十分好；再與旁人所作王守仁傳比較一下，就知道明史太偏重一方了。明史敍陽明的功業，說他偉大，誠然可以當之無愧。但是陽明之所以不朽，尤其因他的學說。萬季野的明史原稿，不知道怎麽樣。後來張廷玉陸隴其一般人，以門戶之見，根本反對陽明思想，所以我們單讀明史本傳，看不出他在學術界的地位。最好同邵念魯的思復堂文集，明儒學案的姚江學案對照著讀，就可以知道孰優孰劣。明儒學案偏重學術，少講政治，固然可以說學案體裁，不得不爾；但是梨洲於旁人的事蹟錄得很多，而於陽明特簡，這是他的不好處。因爲陽明方面太多，學問事功都有記載的價值，學案把事功太拋棄，差不多成爲一個純粹的學者了。明史本傳全講事業，而於學問方面極其簡略，而且有許多不好的暗示，其實失策。若先載陽明學說，然後加以批評，亦未爲不可。但明史一筆抹殺，敍學術的話不過全部百分之二三，讓人看去，反不滿意。現存的王陽明傳，要算邵念魯作得頂好。平均起來，學問佔三分之二，功業佔三分之一。述學問的地方，亦能摘出要點。從宋學勃興後學術的變遷，陽明本身的特點，在當時學界的地位，以及末流的傳授，都能寫得出來。最後又用舊唐書的方法，錄二篇文章，一篇是申時行請以陽明配祀孔廟的奏摺，一篇是湯斌答陸隴其的一封信。他不必爲陽明辯護，而宗旨自然明白。述功業的地方，比明史簡切得多，眞可謂事多於前，文省於舊。尤爲精采的，是能寫得出功業成就的原因及功業關係的重大，又概括，又明瞭。在未敍剷平南贛匪亂之先，先說明用兵以前的形勢，推論當時假使沒有陽明，恐怕晚明流寇早已起來，等不到泰昌天啓的時候了。次敍陽明同王瓊（最先賞識陽明的人）的談話，斷定舊兵不能用，非練新兵不可，新兵又要如何的練法。平賊以前，有這兩段話，可以看出事業的關係，及其成功的原因。這種消息，在明史本傳，一點沒有痕跡，不過說天天打勝仗而已。又陽明平賊以後，如何撫循地方，維持秩序，以減少作亂的機會，一面用兵，一面講學，此等要事，亦惟邵書有之，而明史則無。關於平定宸濠一事，雖沒有多大比較，但明史繁而無當，不如邵書簡切，這都可以看出史才史識的高低。

（四）為方面多的學者作傳的方法　許多大學者有好幾方面，而且各方面都很重要；對於這種人，亦應當平均敘述。譬如清儒記載戴東原的很多，段玉裁作年譜，洪澇作行狀，王昶作墓誌銘，錢大昕作墓誌銘，阮元作儒林傳稿，凌廷堪作行狀，這些都是很了不得的人；我們把他們的作品來比較，可以看出那一個作得好，如何纔能把戴東原整個人格完全寫出。我們看，段玉裁雖是親門生，但東原年譜是晚年所作，許多事跡，記不清楚。王錢阮凌諸人，或者關係很淺，或者相知不深，大半是模糊影響的話。惟有洪澇的行狀，作得很好，但現在所存的，已經不是原文，被人删去不少。原文全錄東原答彭進士允初書，時人皆不謂然，朱筠且力主删去，東原家人祇好删去了。其實此書自述著孟子字義疏證之意，在建設一己哲學的基礎，關係極其重要。洪澇能賞識，而餘人不能，這不是藝術的關係，乃是見識的關係。其餘幾家祇在聲音訓詁天文算術方面着眼，以爲是東原的絕學。東原的哲學的見解，足以自樹一幟，他們却不認識，並且認爲東原的弱點。比較上凌廷堪還稍微說了幾句，旁的人一句亦不講。假使東原原文喪失，我們專看王錢段阮諸人著作，根本上就不能了解東原了。所以列傳眞不易作，一方面要史識，一方面要史才。欲得篇篇都好，除非個個了解。但是無論何人不能如此淵博，要我在清史中作戴東原傳，把他所有著作看完，尚可作得清楚。要我作惲藍田（大畫家）傳，我簡直沒有法子。因爲我對於繪畫一道完全是外行。想把惲傳作好，至少能够了解藍田如像了解東原一樣。所以作列傳不可野心太大，篇篇都想作得好；頂好專作一門，學文學的人作文學家的列傳，學哲學的人作哲學家的列傳，再把前人作的拿來比較一下，可以知道爲某種人作傳應該注重那幾點，作時就不會太偏了。即如戴東原傳，前兩年北平開戴氏百年紀念會，我曾作過一篇，因爲很匆忙，不算作得好，但可以作爲研究的模範。我那篇傳，就是根據段洪王錢阮凌幾家的作品。因爲敍述平均，至少可以看出東原的眞相以及他在學術界的地位。後來居上，自然比洪滂的行狀還好一點。不過洪作雖非全璧，亦能看出東原一部分眞相來已經就很難了。作傳要認淸注重之點。不錯，戴東原是一個學者；但是在學問方面，是他的聲音訓詁好呢，還是他的義理之學好，沒有眼光的人一定分辨不出來。我以爲東原方面雖多義理之學是他的菁萃，不可不講。王錢諸人的著作沒有提到，這是他們失察的地方。

（五）爲有關係的兩人作傳的方法　兩個人同作一件事，一個是主角，一個是配角，應當合傳，不必強分。前面講賈生列傳，漢書比史記好。但是韓信列傳漢書實在不高明。班孟堅另外立一個蒯通傳，把他遊說韓信的話放在裏邊。蒯通本來只是配角，韓信纔是主角。韓信的傳除了蒯通的話，旁的不見精采。蒯通的傳除了韓信的話，旁的更無可說。漢書勉強把他二人分開，配角固然無所附麗，主脚亦顯得單調孤獨了。這種眼光，孟堅未始不曾見到，或者因爲他先作韓信傳，後來纔作蒯通傳，既作蒯通傳，不得不割裂韓信傳，這樣一來，便弄得兩面不討好了。兩個人同作一件事，兩人又都有獨立作傳的價值，這種地方，就要看分在何人名下最爲適當。明史左光斗同史可法兩個人都有列傳，兩人都有價值。史是左的門生，年輕時很受他的賞識；後來左光斗被魏忠賢所陷，繫在獄中，史可法冒險去看他，他臨死時又再去收他的屍。明史把這件事錄在史可法傳中，戴南山又把這件事錄在左光斗傳中。分在兩書，並錄無妨。同在一書，不應重見。比較起來，以錄在左傳中爲是。史可法人格偉大，不因爲這件事情而加重。左光斗關係較輕，如無此事，不足以見其知人之明。所以在史傳中無大關係；在左傳中可以增加許多光彩。

（六）爲許多人作傳的方法　上次講作專傳以一個偉大人物作中心，許多有關係的人附屬在裏面。不必專傳如此，列傳亦可。因一個主要的，可以見許多次要的。這種作法，史記漢書都很多。作正史上的列傳，篇數愈少愈好，可以歸納的最好就歸納起來。史記的項羽本紀，前半篇講的項梁，中間講的范增，後半篇纔講項羽自己。若是文章技術劣點，分爲三篇傳，三篇都作不好。太史公把他們混合起來，祇作一篇，文章又省，事情又很淸楚。這種地方，很可取法。還有許多人，不可以不見，可是又沒有獨立作傳的價值，就可以附錄在有關係的大人物傳中。因爲他們本來是配角，但是很可以陪襯主脚；沒有配脚，形容不出主角，寫配脚正是寫主脚。這種技術，史記最是擅長。例如信陵君這樣一個人，胸襟很大，聲名很遠。從正面寫，未嘗不可以，總覺得費力而且不易出色。太史公就用旁敲側擊的方法，用力寫侯生，寫毛公薛公，都在這些小人物身上着筆，本人反爲很少。

因爲如此信陵君的爲人格外顯得偉大，格外顯得奇特。這種寫法不錄文章不寫功業專從小處落墨，把大處烘托出來。除却太史公以外，別的人能够做到的很少。

第四章　合傳及其做法

合傳這種體裁，在傳記中最爲良好。因爲他是把歷史性質相同的人物，或者互有關係的人物，聚在一處，加以說明，比較單獨敍述一人，更能表示歷史眞相。歐洲方面，最有名最古的這類著作要算布魯達奇的英雄傳了。全書都是兩人合傳，每傳以一個希臘人與一個羅馬人對照，彼此各得其半。這部書的組織，雖然有些地方勉強比對，不免呆板。但以比對論列之故，一面可以發揮本國人的長處，亦可以鍼砭本國人的短處。兩兩對照，無主無賓，因此敍述上批評上亦比較公平。中國方面，史記中就有許多合傳，翻開目錄細看，可以看出不少的特別意味。史記以後，各史中雖亦多有合傳，究竟嫌獨立的傳太多了。若認眞歸倂起來，可以將篇目減少一半或三分之一。果然如此，一定更容易讀，更能喚起興味。合傳這種方法，應用得再進步的，要算清代下列的幾家：

（一）邵廷采（念魯）邵氏的思復堂文集，雖以文集名書，然其中十之七八都是歷史著作。論其篇幅，並不算多；但每篇可以代表一種意義。其中合傳自然不止一人，專傳亦包括許多人物。如王門弟子傳劉門弟子傳姚江書院傳明遺民所知傳等篇，體裁均極其優美。全書雖屬散篇，然隱約中自有組織，而且一篇篇都作得很精鍊，可以作我們的模範。

（二）章學誠（實齋）章氏的湖北通志檢存稿三十餘篇傳都是合傳，每傳人數自二人以至百餘人不等，皆以其人性質的異同爲分合的標準，皆以一個事蹟的集團爲敍述的中心。讀其傳者，同時可知各個人的歷史及一事件的始末，有如同時讀了紀傳體及紀事本末體。雖其所敍祇湖北一省的事情，而且祇記湖北在正史中無傳的人物，範圍誠然很窄；但是此種體裁可以應用到一時代的歷史上去，亦可應用到全國的歷史上去。

（三）魏源（默深）魏氏的元史新編，十幾年前纔刻出來。這部書是對於二十四史的元史，不滿意而作。二十四史中，元史最壞，想改作的人很多。已成書的，柯劭忞的新元史，屠寄的蒙兀兒史記，與魏書合而爲三。魏書和柯書屠書比較，內容優劣如何，我不是元史學專家，不敢妄下斷語。

但其體裁，實不失爲革命的。書中列傳標目很少，在武臣方面，合平西域功臣爲一篇，平宋功臣爲第二篇，……又把武功分爲幾個段落，同在某段落立功者合爲一傳。文臣方面，合開國宰相一篇，中葉宰相一篇，末葉宰相一篇，某時代的諫官一篇，歷法同治河的官又是一篇。又把文治分爲幾個時代或幾個種類，同在某時代服官者，或同對於某樣事業有貢獻者，各各合爲一傳。全書列傳不過二三十篇，皆以事的性質歸類。每篇之首，都有總序，與平常作傳先說名號籍貫者不同。我們但看總序，不待細讀全篇，先已得個大概。例如每個大戰役，內中有多少次小戰，每戰形勢如何，誰爲其中主人，開頭便講，然後分別說到各人名下。像這種作法，雖是紀傳體的編製，却兼有紀事本末體的精神。所傳的人的位置及價值亦都容易看出。

我們常說二十四史有改造的必要，如果眞要改造，據我看來，最好用合傳的體裁，而且用魏源的元史新編那體裁。當初鄭樵作通志的時候，原想改造十七史，這種勇氣很好；卽以內容而論，志的部分亦都作得不錯；可惜傳的部分實在作得不高明，不過把正史列傳各抄一過而已。讀通志的人大都不看傳，因爲通志的傳根本就和各史原文沒有甚麼異同。改造二十四史，別的方法固然很多，在列傳方面祇須用魏書體裁，就可耳目一新，看的時候，清楚許多，激發許多。讓一步講，我們縱不說改造二十四史的話，即是做人物的專史，終不能不作傳。做單傳固然可以，不過可合則合，效果更大。

合傳的性質，各人的分類不同。依我看來，可以分為兩大類：第一類，超羣絕倫的偉大人物，兩下有比較者，可作合傳。第二類代表社會一部分現象的普通人物，許多人性質相近者，可作合傳。以下根據這兩類分別細講：

(一)人物或二人或二人以上可以作篇合傳，又可分為四小類：

(1)同時的人，事業性質相同或相反，可合者合之。例如王安石與司馬光時代相同，事業相同，兩人代表兩派，凡讀王安石傳時不能不參考司馬光傳；與其分為兩篇，對於時代的背景要重複的講了又講，對於政治的主張，有時又不免有所軒輊；何如合為一篇，可以省事，而且搜求事跡亦較公平。再如朱熹與陸九淵，時代相同，性質不同，代表的方面亦相反，作了朱傳，再作陸傳，一定要犯上面所說的重複和偏見兩種毛病，合在一起，就不至於恭維這個，瞧不起那個了。又如曾國藩與胡林翼，時代相同，事實亦始終合作，單作曾傳非講胡不可，單做胡傳非講曾不可，兩人地位相等，不能以曾附胡，亦不能以胡附曾，應該合爲一傳，平均敍述。更如李白與杜甫，雖未合作，亦非相反，然同時代，可以代表唐時文學的主要部分；講李時連帶說杜，講杜時連帶說李，兩下陪襯起來，格外的圓滿周到。假使把他們分開，就不免有拖沓割裂的痕跡了。

（2）不同時代的人，事業相同，性質相同，應該合傳。例如漢武帝與唐太宗，時代不同，而所作的多是對外事業，漢族威德的發揚光大，兩人都有功勞，合爲一傳，可以得比較其在中國文化上的位置及價值，愈見明瞭。再如曹操與劉裕，時代不同，性質大部分相同，都在大亂之後，崛起草澤，惟皆未能統一中國，遂令後世史家予以不好的批評；若把他們兩人合在一起，可以省許多筆墨，而行文自見精采，加判斷的時候亦比較的容易公平。又如項羽李密陳友諒，時代不同，事業大致相同，都是遭遇強敵，遂致失敗；這種失敗的英雄，可以供我們憑弔的地方很多；合在一塊作傳，情形倍覺可憐。更如苻堅北魏孝文帝北周武帝金世宗清聖祖，時代不同，事業相同，都是以外國入主中國，努力設法與漢人同化，合爲一傳，可以看出這種新民族同化到中國的情形；全部歷史上因爲有這幾個人，變遷很大。

（3）專在局部方面，或同時，或先後同作一種工作，這類人應當合傳。例如劉知幾鄭樵章學誠都在中國歷史哲學上有極大的貢獻；史學觀念的變遷和發明皆與他們有密切關係。三人合在一塊作傳，可以看出淵源的脈絡：前人的意見後人如何發揮，前人的錯誤後人如何改正。中國歷史哲學就容易敍述淸楚了。又如鳩摩羅什與玄奘，都是翻譯佛經事業的偉大相若；兩個人代表兩大宗派，一個是三論宗的健將，一個是法相宗的嫡傳；做他們兩人的合傳，可以說明印度佛敎宗派的大勢力，中國譯經事業的情形。又如公孫述劉備李雄王建孟知祥都在四川割據稱雄，祇能保守，不能進取；把他們幾人合傳，可以看出四川在中國的地位。前人常說：「天下未亂蜀先亂，天下已治蜀未治」，這個原則，古代如此，直至民國仍然沒有打破。更如陳東與張溥都是代表一種團體活動的人，兩人性質相同，陳爲大學生，張爲秀才，一個連合學生干政，一個運動組織民黨，把他們兩人合傳，可以看出地位不高而事業偉大的中國青年在歷史活動的成績及所以活動的原因。

（4）本國人與外國人性質相同，事業相同，可以作合傳。要作這種傳，不單要研究國學，外史知識亦須豐富。兩兩比較，可以發揮長處，補助短處。例如孔子與蘇格拉底，兩個都是哲學家，一個是中國的聖人，一個是希臘的聖人，都講人論道德，兩人合爲一傳，可以比較出東亞所有人生問題的異同及解決這類問題的方法。再如墨翟與耶穌，兩個都是宗教家，一個生當戰國，一個生於猶太，都講博愛和平崇儉信天，合在一塊作傳，可以看出耶墨兩家異同，並可以研究一盛一衰的原故。又如屈原與荷馬，兩個都是文學家，一個是東方的文豪，一個是西方的詩聖，事蹟都不十分明瞭，各人都有幾種傳說的；把他們合在一起，可以看出古代文學發達的次序，及許多作品附會到一人名下的情形。更如清聖祖，俄大彼得，法路易十四，都是大政治家，三人時代相同，性質相同，彼此都有交涉；彼得路易的國書，清故宮尙有保存；替他們合作一傳，可以代表當時全世界的政治狀況，並可以看出這種雄才大略的君主對內對外的方略。

（二）代表社會一部分現象的普通人物　和第一類相反，前者是英俊挺拔的個人，後者是羣龍無首的許多人。正史中的儒林文苑遊俠刺客循吏獨行等列傳，就爲他們而立。他們在歷史上關係的重要，不下於偉大人物。作這種合傳，是專寫某團體或某階級的情狀；其所注意之點，不在個人的事業而在社會的趨勢；需要立傳與否，因時代而不同。史記有遊俠傳，因爲秦漢之交，朱家郭解一流人物在社會上有相當的勢力，不可忽視。後漢書有黨錮傳，因爲東漢時候，黨錮爲含有社會性的活動，直接影響到政治。後漢書又有獨行傳，因爲當時個人的高世傑出之行，社會上極其佩服，養成一種風氣。宋史有道學傳，因爲宋代理學發達，爲當時一種特殊現象，於社會方面影響極大。這類人物含有社會性，其中亦有領袖行爲舉止頗多值得注意的地方，然不及全部活動之重要。單注意領袖，不注意二三等脚色，看不出力量，看不出關係，非有羣龍無首的合傳不可。我們萬勿以人物不大，事情不多，一個個分開看，無足輕重，便認定其活動爲無意義，估不得佔篇幅。須知一個人雖無意義，人多則意義自出；少數的活動效果雖微，全體的活動效果極大。譬如後漢書黨錮傳，要把個人的動作聚合加上，然後全部精神可以表出。單看范滂張儉所爭，都是硜硜小節；然黨錮共同精神，就在這硜硜小節裏邊。我們若祇是發空論，唱高調，一定表現此中眞相不出來的。眞講究作文化史，這類普通人物的事實比偉大人物的動作意味還要深長。二十四史中，這類合傳尙嫌其少，應當加以擴充。又可分爲五項：

（1）凡學術上，宗教上，藝術上，成一宗派者。應當作爲合傳，例如姚江王門弟子傳，蕺山劉門弟子傳，邵念魯所著作得很好，兩家學風可以看出。宋元學案明儒學案亦皆如此。前者分派多，歸併少，後者反是。比較起來，還是明儒學案好些。（因一是單篇，一是專著之故。）李穆堂的陸子學譜亦用合傳體裁。陸門一傳再傳弟子的關係，都在裏面看得很瞭然，研究亦很方便。再如法相宗天台宗禪宗在佛教史中不必多作，祇要幾篇好的合傳便就夠了。又如南宗畫派院體畫派，自明以來分據畫界領域；把一派中重要人物聚集起來，爲作一篇合傳，並不費事，而研究近代繪畫的人，很容易得一種概念。

（2）凡一種團體，於時代有重大關係者，應當爲作合傳。例如宋代的元祐慶元黨案，不管他有無具體組織，亦不管他是好是壞，但是當時士大夫都歡喜標立門戶，互相排擠，至其甚則造作黨籍以相陷；但凡他們氣味相投的，都可以作爲合傳，以觀其是非得失。再如明代的東林復社崑宣閹黨，有的係自立名號，有的敵黨所加，各因其類，結爲團體，以相攻擊，於是宇內騷然，大獄慘動；最好一黨作篇合傳，以觀其政治上影響，並可以考見明亡的原因。又如近代的戊戌維新黨國民黨共產黨，其發生雖或先或後，歷史雖或久或暫，組織雖或疎或密，然對於政治方面各有主張各有活動；應該把他們的分子作幾篇合傳，以說明他們的眞相，判斷他們的功罪，推求他們在政治上社會上的影響。

(3)不標名號，不見組織，純爲當時風氣所鼓盪，無形之中，演成一種團體活動，這類人亦應當爲作合傳。例如晉代的清談，沒有黨沒有系，更沒有本部支部，但是風氣所尙，都喜歡搖麈尾，發儁語；爲他們作一篇合傳，不特可以看出當時思想的趨勢，並可以看出社會一般的情形。再如宋代的道學，雖沒有標出任何團體，然而派別很多，人人都喜歡講點理氣性命的話；合起來作篇傳，比宋元學案稍略，比宋史道學傳稍詳，以看他們的主張及傳授，那就好了。又如明末遺民反抗滿洲，雖沒有團體，但確爲時代精神所寄；單看張煌言顧炎武等，還看不出全部的民族思想社會潮流；把大大小小許多人，都合起來作傳，他們這種活動的意義及價値立刻就可以看出來了。

(4)某種階級或某種閥閱，在社會上極佔勢力者，應當爲作合傳。例如六朝的門第，儼然是一種階級，南朝的王謝郗庾，北朝的崔盧李鄭，代代俱掌握政權，若從南北史中把他們這幾人各作一篇合傳，可知其勢力之偉大；所有重要活動，全是這幾人作的，但是單看王導傳謝安傳，很不容易看出來。再如唐朝的藩鎮，爲一代盛衰的根源，單看安祿山史思明的列傳，看不出有多少關係，若把大大小小的藩鎮都合起來，說明他們的興亡始末，可以看出在當時專橫的情形，於後世影響的重大。又如晚明流寇，騷動全國，明朝天下就斷送在他們手裏；單看張獻忠李自成的列傳，還未能看出民間慘苦的全部；把所有流寇都聚集起來，就可以看出他們的凶暴刻毒，並可以看出社會上所受他們的摧殘蹂躪，有些地方眞能够使我們看了流淚。

（5）社會上一部分人的生活，如有資料，應當搜集起來，爲作合傳。例如藏書家及印書家，單指一人，不能說有多少影響；若把一代（如清代）的藏書家印書家作合傳，可以知道當時書籍的聚散離合；一代文化的發達與衰謝，亦可以看出一斑，這和學術上的關係極爲重大。再如淮揚鹽商，廣東十三行，都是一時的商業中心，可惜資料不易得了；若由口碑及筆記搜集起來，作爲合傳，可以看出這部分的經濟狀況，及國內外商業的變遷。又如妓女及戲子，向來人看不起；但是他們與政治上社會上俱有很大的關係；明末妓女中的柳如是陳圓圓顧橫波都是歷史上極好的配脚；清末戲子中的程長庚譚鑫培梅蘭芳都是受社會的歡迎爲他們作篇合傳，不特値得而且應該。有許多地方，須靠他們來點綴說明。

上面第一第二兩類人物，一類之中分爲幾個小類，每一小類舉三四個例來，取便說明，並不是說應該作傳的人物完全在此。我的意思是說偉大人物單獨作傳，固然可以，但不如兩兩比較容易公平，而且効果更大。要說明位置價値及關係，亦較簡切省事。至於普通人物，多數的活動，其意味極其深長，有時比偉大還重要些，千萬不要看輕他們。沒有他們，我們看不出社會的眞相，看不出風俗的由來。合傳這種體裁，大概情形如此。

第五章　年譜及其作法

年譜這種著述，比較的起得很遲；最古的年譜，當推宋元豐七年呂大防做的韓文年譜杜詩年譜。做年譜的動機，是讀者覺得那些文詩感觸時事的地方太多，作者和社會的背景關係很切；不知時事，不明背景，冒昧去讀詩文，是領會不到作者的精神的；爲自己用功起見，所以做年譜來彌補這種遺憾。不過初次草創的年譜，組織自然不完密，篇幅也非常簡單；拿現在的眼光去看，眞是簡陋的很。

但是自從呂大防那兩部年譜出世以後，南宋學者做年譜的，就漸漸加多了，到明清兩代簡直「附庸蔚爲大國，」在史學界佔重要位置。起初不過是學者的專利品，後來各種人物都適用了；起初不過一卷二卷，後來卻增至數十卷了。就中如阿文成公年譜有三十四卷，比較呂大防的作品相差就很遠。做年譜的方法，經過許多學者的試驗發明，也一天比一天精密；自從初發生到現在，進步的迅速，不能不使我們驚異。

甲　年譜的種類

年譜的種類可從多方面去分：

（一）自傳的或他傳的

本人做自傳，歐洲美洲很多，中國比較的少；但中國也不過近代纔不多，古代卻不少。太史公自序便是司馬遷的自傳漢書敍傳便是班固的自傳；論衡自紀，史通自敍，便是王充劉知幾的自傳；漢書司馬相如傳揚雄傳所採的本文便是司馬相如揚雄的自傳，這可見自傳在中國古代已很發達了。

由自傳到自傳的年譜，勢子自然很順；但自傳的年譜起得很晚，淸康熙時孫奇逢恐怕是最早的一個。孫奇逢做得很簡單，只有些大綱領；後來由他的弟子補注，纔完成了一部書。同時稍後，黃宗羲也自做一部年譜，可惜燬了，不知內容怎樣。

此外，馮辰做的李恕谷年譜前四卷，實際上等於李塨自己做的，也可歸入自傳年譜一類。我們知道李塨是一個躬行實踐的人，對於自己的生活是毫不放鬆的。他平時把他的事蹟思想，記在他的日譜上面，用來做學問的功夫，和旁人的日記不同。這種日譜不但可以供後人做效，不但很有趣味，而且可使後人知道作者思想的進步，事蹟的變遷，毫無遺憾。所以馮辰編李恕谷年譜，單把李塨日譜刪繁存要，便成功了。這年譜完全保存了日譜的眞相，而且經過李塨的手定，簡直是李塨自著似的。（但第五卷是劉調贊續纂的，不是根據李塨的日譜，所以又當別論。）

爲研究歷史的方便起見，希望歷史的偉大人物，都能自做日譜，讓後人替他做年譜時，可省許多考證的工夫。然而這種希望何時達到呢。在這上，他傳的年譜便越發需要了。

他傳的年譜又可分同時人做的，和異時人做的二種：

(1)同時人當然是和譜主有關係的人，或兒子，或門人，或朋友親故。這類人做的年譜，和自傳的年譜價值相等。其中最有名的要推王陽明年譜，那是許多門人蒐輯資料，由錢德洪編著的。他們把王守仁一生，分作數段，一個人擔任蒐輯某年到某年的事蹟，經過了許多人的努力，很長久的時間；後來有幾個人死了，幸虧王畿羅洪先幫助錢德洪纔做成。這部年譜總算空前的佳著。但後來又經李贄的删改，添上了許多神話，便不能得王守仁的眞相了。前者在王文成公全書內，後者在四部叢刊內，我們須分別看待。

此外，劉蕺山年譜最值得我們稱贊，因爲是蕺山的兒子劉汋（伯繩）做的。邵廷采（念魯）謂可以離集別行，不看本集，單看年譜，已能知譜主身世和學問的大概。這類有價值的很多，如李塨的顏習齋年譜，李瀚章的曾文正公年譜。

(2)異時人做的年譜眞多極了。他們著書的原因，大概因景仰先哲，想徹底了解其人的身世學問，所以在千百年後做這種工作。這裏邊最好的要算王懋竑的朱子年譜，和同時人做的有相等的價值。固然，有許多事情，同時人能看見而異時人不能看見；却也有許多事情，異時人可考辨得很清楚而同時人反爲茫昧的：所以一個人若有幾部年譜，後出的常常勝過先出的。現在姑且不講，留在下節討論。

(二)創作的或改作的

同時人所做的年譜固然是創作；異時人所做的年譜，若是從前沒有人做過，便也是創作。創作的年譜，經過了些時，常有人覺得不滿意，重新改做一部，這便是改作的年譜。改作的大概比創作的好些，只有李贄的王陽明年譜是例外。但我們要知道改作是一件不得已的事情，如果沒有特別見地，自然可以不用改作；改作了，也不可埋沒作者的艱苦。因爲創作者已做好了大間架，改作者不過加以小部分的增訂刪改而已。無論什麼歷史，我們固然不能說只可有創作，不可有改作；但也不能因有了改作的以後，就把創作者的功勞沒了去。

有些人不止一部年譜，甲改做了，乙又改做。如朱子年譜有李方子李默洪去蕪王懋竑四種，顧亭林年譜有顧衍生吳映奎徐松胡虔張穆五種，元遺山年譜有翁方綱凌廷堪張穆三種，陶淵明年譜有吳仁傑王質丁晏和我做的四種。大概越發晚出，越發好些。

(三)附見的或獨立的

我們如果想做一部某人的年譜，先須打定主意，到底是附在那人文集後面呢，還是離集而獨立？附見的要使讀本集的人得著一種方便，獨立的須要使不讀本集的人能够知道那人身世和學問或事業的大概：主意定了，纔可以著手去做。

本來年譜這種書，除了自傳的或同時人做的以外，若在後世而想替前人做，非那人有著述遺下不可。沒有著述或著述不傳的人的年譜，是沒有法子可以做的，除非別人的著述，對於那人的事蹟，記載十分詳明纔行。所以年譜的體裁不能不有附見和獨立二種。

這二種的異點，只在詳略之間。附見的年譜應該以簡單爲主，注重譜主事蹟，少引譜主文章。因爲讀者要想詳細知道譜主的見解和主張，儘可自己向本集去尋找。專傳後面有時也可附錄年譜或年表；那種年譜也和附見本集的一樣，越簡越好。獨立的年譜卻恰不同，越簡越不好。他的起原，只因本集太繁重或太珍貴了，不是人人所能得見所能畢讀的；為免讀者的遺憾起見，把全集的重要見解和主張和譜主的事蹟，摘要編年，使人一目瞭然。這種全在去取得宜，而且還要在集外廣搜有關係的資料，纔可滿足讀者的希望。合起二種來比較，獨立的恰似專傳，附見的恰似列傳；列傳與附見的年譜須簡切，專傳與獨立的年譜須宏博。

(四)平敍的或考訂的

倘使譜主的事蹟，沒有複雜糾紛的問題，又沒有離奇矛盾的傳說，歷來對於譜主事蹟，也沒有起個什麼爭辯，那麼簡直可以不要費考訂的筆墨；縱使年代的先後不免要費考訂的功夫，但也在未落筆墨之前，不必寫在紙上：這種叫做平敍的年譜。他的重要工作，全在搜羅的豐富，去取的精嚴，敍述的翔實。王陽明年譜，曾文正公年譜，便屬這種。創作的固然可以平敍，改作的也未嘗不可。

翻回來說，要考訂的年譜，正多著呢。約計起來，共有三種：

(1)譜主事蹟太少，要從各處鈎稽的　例如王國維作太史公繫年考略，因為太史公的事蹟在史記漢書都不能有系統的詳細的記載，所以很費了一番考訂工夫，而且逐件記出考訂的經過，記載的理由來。這是很應該的。因為不說個淸楚，讀者不知某事何以記在某年，便有疑惑了。倘若要做孟子墨子一般人的年譜，這是很好的模範。但做起來却不容易：孟子在史記雖有傳，却有許多不易解決的問題：如先到齊抑先到梁？主張伐燕，在齊宣王時代抑在齊湣王時代？都是要費力考訂的。墨子的事蹟更簡，史記只有十餘字，我們應該怎樣去鈎稽考訂敍述呢？總說一句，年代久遠，事蹟湮沒的人，我們想替他做年譜或年表，是不能不考訂的。

(2)舊有的記載把年代全記錯了的　例如陶淵明，宋史昭明太子晉書各傳，都說他年六十三，生於晉興寧三年，其實都錯了。我替他做年譜，從他的詩句裏找出好些證據，斷定他年只五十六，生於晉咸安二年。這麼一來，和舊有的年譜全體不同了。舊譜前數年的事，我都移後數年。這種工作，和太史公繫年考略稍異。他用的是鈎沈的工夫，我用的是訂譌的工夫。前人做了不少的陶淵明年譜，都不曾注意到此。其實無論那個譜主的生年數一錯，全部年譜都跟著錯了。此外如譜主的行事，著作的先後次序，前人的記載也不免常有錯誤，都值得後人考訂。例如王陽明編朱子晚年定論，說那些文章是朱子晚年做的，其後有許多人說他造謠.這實是一大問題。假使朱子的行事及著作的先後早有好年譜考定了，便不致引起後人的爭辯。專傳列傳都不能做詳細考訂工作；年譜的責任，便更重大了。

(3)舊有的記載故意誣衊或觀察錯誤的　如宋史王安石傳對於王安石的好處，一點不說，專記壞處，有些不是他的罪惡也歸在他身上了，因爲做宋史的人根本認他是小人。後來蔡上翔做王荆公年譜，把王荆公文集和北宋各書，關於譜主的資料，都蒐輯下來，嚴密的考訂一番，詳細的記述成書。我們看了，纔知道做宋史的人太偏袒王安石的敵黨了，把王安石許多重要的事蹟都删削了，單看見他的片面，而且還不免有故入人罪的地方。像這種年譜，實有賴於考訂。倘無考訂的工夫，冒昧的依從舊有的記載，那麼古人含冤莫白的，不知有多少了。但蔡上翔的王荆公年譜似乎不免超過了考訂的範圍，有許多替王安石辨護的話，同時寫在考訂的話之後；辨護雖很不錯，卻和考訂的性質有點不同了。

總結上面四種年譜種類說幾句話，就是我們要想做年譜先要打定主意，想做的是那一種，是創作的呢，還是改作的？是獨立的呢，還是附見的？是平敍的呢，還是考訂的？主意定了，纔可以動手。

乙　年譜的體例

接著的便是年譜的體例問題，我們須得講個清楚，使學者知道年譜怎樣做法。

（一）關於紀載時事——譜主的背景

世上沒有遺世獨立的人，也就沒有不記時事的年譜。偉大的人，常常創造大事業，事業影響到當時人生，當然不能不記在那人的年譜上。就是活動力很小的人，不能創造大事業，而別人新創造的事業，常常影響到他身上，那麼時事也應佔他年譜的一部分。不過譜主的趨向既各不同，年譜紀載時事，自然也跟著有詳有簡。詳簡的標準，我們須得說一說：

譬如陳白沙是荒僻小縣的學者，（我的鄉先輩）不曾做過教學以外的事業，生平足跡，只到過廣州一次，北京兩次；生的時世又很太平：簡直可以說他和時事沒有直接的關係。倘使替他做年譜，時事當然少記。又如錢竹汀的科名雖然不小，但只做了幾年閒散的京官，並沒有建設什麼功業，到了中年便致仕回里，教書至死，生的時世也很太平。我們要想把時事多記些上他的年譜，也苦於無法安插。又如白香山的詩，雖很有些記載社會狀況的，生的時世雖很紛亂，但他不曾跑進政局，和時事還沒有直接關係，不過總算受了時事的影響。倘使我們替他做年譜，時事自然可以記載些。像這類純粹的學者文人，和時代的關係比較的少，替他們做年譜，要紀載時事，應該很簡切，假使看見旁人的年譜記時事很詳，也跟樣，那可錯了。

反面說，學者，文人，也有根本拿時代做立脚點的。例如顧亭林，雖然少做政治活動，而他的生涯完全受政治的影響，他的一言一動，幾乎都和時代有關係。假使他的年譜不記時事，不但不能了解他的全人格和學問，而且不能知道他說的話是什麼意義。從晚明流寇紛起，滿洲人入關得國，到明六王次第滅亡，事事都激動他的心靈，終究成就了他的學問。像這類人雖然沒有做政治活動，他的年譜也應該記載時事，而且須記詳細些。若譜主正是政治家，當軸者，那更不用說，無論是由他創造的事業，或是有影響於他身上的時事，都應該很詳細的記入他的年譜。

有一種文人，和當時的政事有密切關係。假使他的年譜不記時事，我們竟無法看懂他的著作，認識他的價值，而時事亦卽因此湮沒不少。例如一般人稱杜甫的詩爲詩史，常常以史註詩，而不知詩裏便有許多史册未記的事。又如顧亭林的詩，影射時事的也不少，其中有一首，記鄭成功張煌言北伐至南京的一事，說張煌言曾與李定國定期出兵，因路遠失期，以致敗走。假使顧亭林年譜不記時事，怎麼知道這詩所說何事？即使知道了鄭張北伐的事，不端詳詩句的隱義，也會湮沒了張李相約的軼聞。所以譜主的著作，和年譜對看，常有相資相益之處；而年譜記載時事，也因此益覺重要。

大概替一人做年譜，先須細察其人受了時事的影響多大？其人創造或參與的時事有幾？標準定了，然後記載纔可適宜。

曾國藩是咸豐同治間政局唯一的中心人物，他的年譜記載時事應該很詳細。除了譜主直接做的事情以外，清廷的措施，偏將的勝負，敵方的因應，民心的向背，在在都和譜主有密切的關係，如不一一搜羅敍述，何以見得譜主立功的困難和原因？我們看李瀚章做的曾文正公年譜，實在不能滿足我們這種欲望。因爲他只敍譜主本身的命令舉動，只敍清廷指揮擢黜諭旨，其餘一切，只有帶敍，從不專提，使得我們看了，好像從牆隙中觀牆外的爭鬬，不知他們爲什麼有勝有負！雖然篇幅有十二卷之多，實際上還不够用。倘然有人高興改做，倒是很好的事情：但千萬別忘記舊譜的短處，最要詳盡的搜輯太平天國的一切大事，同時要人的相互關係，把當時的背景寫個明白，纔了解曾國藩的全體如何。

假如要做李鴻章的年譜，尤其要緊的是要把背景的範圍擴大到世界各強國。因爲李鴻章最初立功，就因利用外交，得了外國的幫助，纔和曾國藩打平太平天國。假使不明白各國對太平天國的態度，如何知道他們成功的原因。後來他當了外交的要衝，經過幾次的國際戰爭，締結幾次的國際條約，聲名達於世界。他誠然不善於外交，喪失了國家許多權利；但我們要了解他爲什麼失敗？爲什麼事事受制於人，除了明白中國的積弱情形以外，尤其需要明白世界的大勢。因爲十九世紀之末，自然科學發達的結果，生產過剩，歐洲各國都拚命往東方找殖民地和市場，非澳二洲和亞洲南西北三部，都入了白人的掌握，所以各國的眼光，都集中到中國。那時世界又剛好出了幾個怪傑，德國的俾斯麥，俄國的亞歷山大，日本的明治帝，一個個都運用他們的巨腕和中國交涉，而首當其衝者是李鴻章。假是世界大勢不是如此，李鴻章也許可以做個安分守己的大臣。所以我們要了解李鴻章的全體，非明白他的背景不可；而且背景非擴充到世界不可。這種責任，不是專傳的責任，非年譜出來擔負不可。

實際的政治家在政治上做了許多事業，是功是罪，後人自有種種不同的批評。我們史家不必問他的功罪，只須把他活動的經歷，設施的實況，很詳細而具體的記載下來，便已是盡了我們的責任。譬如王安石變法，同時許多人都攻他的新法，要不得，我們不必問誰是誰非，但把新法的內容和行新法以後的影響；並把王安石用意的誠摯和用人的茫昧，一一翔實的敍述，讀者自然能明白王安石和新法的好壞，不致附和別人的批評。最可笑的是宋史王安石傳：他不能寫出王安石和新法的眞相，只記述些新法的惡果和反對的呼聲，使得後人個個都說王安石的不好。最可嘉的是蔡上翔王荆公年譜：他雖然爲的是要替王安石辯護，卻不是專拿空話奉承王安石。他只把從前舊法的種種條文，新法的種種條文，一款一款的分列，使得讀者有個比較。他只把王安石所用的人的行爲，攻擊王安石的人的言論，一件一件的分列，使得讀者明白不是變法的不好，乃是用人的不好。像這樣，纔是史家的態度。做政治家的年譜，對於時事的敍述，便應該這樣纔對。

上面幾段講的是純粹政治家的年譜做法。此外還有一種政治兼學問，學問兼政治的人，我們若替他做年譜，對於時事的紀載，或許可以簡略點，但須斟酌。譬如王陽明是一個大學者，和時事的關係也不淺。但因爲他的學問的光芒太大，直把功業蓋住了，所以時事較不爲做他的年譜者所重。其實我們爲了解他成功的原因起見，固然不能不說明白他的學問；爲了解他治學的方法起見，也不能不記清楚他的功業。因爲他的學問就是從功業中得來，而他的功業也從他的學問做出，二者有相互的關係。所以他的年譜，對於當時大事和他自己做出的事業，都得斟酌著錄。

錢竹汀年譜，頗能令人滿意。因爲錢竹汀和時事沒有多大關係，所以年譜記時事很簡，自然沒有什麼不對。王懋竑的朱子年譜記時事卻太詳細了。朱子雖然做了許多官，但除了彈劾韓侂胄一事之外，沒有做出什麼大事，也沒有受時事的大影響。所以有許多奏疏也實在不必枉費筆墨記載上去，因爲大半是照例，和時局無關係。這種介在可詳可略之間，最須費斟酌；稍爲失中，便不對。

文學家和時勢的關係，有濃有淡，須要依照濃淡來定記時事的詳略，這是年譜學的原則。但有時不依原則，也有別的用處。譬如凌廷堪張穆的元遺山年譜，記載時事很詳，其實元遺山和時事並沒有多大關係，本來不必這樣詳；林張以爲讀元遺山的詩和讀杜甫的詩一樣，非了解時事則不能了解詩，其實錯了。但從別一方面看，金元之間，正史簡陋的很，林張以元遺山做中心，從詩句裏鈎出許多湮沈的史料，放在年譜內，雖然不合原則，倒也有一種好處。

不善體會上面說的詳略原則，有時會生出過詳過略的毛病。譬如張爾田的玉谿生年譜箋註記載時事極爲詳盡，只因他的看法不同。他以爲李義山做詩全有寄託，都不是無所爲而爲，這實不能得我們的贊成。誠然，人們生於亂世，免不了有些身世之感，張氏的看法，也有相當的價值。但是我們細看李義山的詩，實在有許多是純文學的作品，並非有所感觸，有所寄託。張氏的箋註時事，不免有許多穿鑿附會的地方。

我們應該觀察譜主是怎樣的人？和時事有何等的關係？纔可以定年譜裏時事的成分和種類。不但須注意多少詳略的調劑，而且須注意大小輕重的敍述，總期恰乎其當，使讀者不嫌繁贅而又無遺憾，那就好了。

（二）關於紀載當時的人

個人是全社會的一員；個人的行動，不能離社會而獨立。我們要看一個人的價值，不能不注意和他有關係的人。年譜由家譜變成，一般人做年譜，也很注意譜主的家族。家族以外，師友生徒親故都不爲做年譜的人所注意。這實在是一般年譜的缺點。比較最好的是馮辰的李恕谷年譜。因爲他根據的是李恕谷的日譜，所以對於李恕谷所交往的人都有紀載。我們看了，一面可以知道李恕谷成就學問的原因，一面可以知道顏李學派發展的狀況，實在令人滿意。曾文正公年譜可不行。因爲曾國藩的關係人太多，作者的眼光只知集中到直接有關係的人，自然不足以見曾國藩的偉大。

翻回來，再看王陽明年譜。我們因爲王陽明的學問和他的朋友門生有分不開的關係，所以很想知道那些朋友門生某年生，某年纔見王陽明，往後成就如何。錢德洪等做年譜，只把所聞所知的記了一點，卻忽略了大多數，實在令我們失望。王懋竑的朱子年譜也是一樣。朱熹到底有多少門生？他所造就的人才後來如何？我們全在不能在上面知道。像朱王這類以造就人才爲事業的人，我們替他們做年譜，對於他們的門生屬吏友朋親故應該特別注意；記載那些人的事蹟，愈詳愈好。

尋常的年譜，紀載別人的事蹟，總是以其與譜主有直接的關係爲主；（如詩文的贈答，會面的酬酢。）若無直接的關係，人事雖大，也不入格：其實不對。例如朱子年譜記了呂伯恭張南軒陸梭山的死，只因朱子做了祭文祭他們。陸象山死在何年，上面便查不出，只因朱子不曾做祭文祭他。作者的觀念以爲和譜主沒有直接的關係便不應該記；其實年譜的體裁並不應該這樣拘束。張呂二陸都是當時講學的大師，說起和朱子的關係，最密切的還是陸象山。但我們竟不能在朱子年譜看到陸象山的死年，這是何等的遺憾！

從年譜的歷史看，明朝以前，記時人較略；清中葉以後漸漸較詳了。張穆的顧亭林年譜便是一個例證。王文誥的蘇東坡年譜又更好一點，凡蘇詩蘇文所提到的人都有，而且略有考證。近時胡適的章實齋年譜，記事固然有些錯誤，記人卻還好。他除了零碎的記了譜主師友的事蹟以外，單提出戴震袁枚汪中三個可以代表當時思想家的人來和譜主比較；就在各人卒年，摘述譜主批評各人的話，而再加以批評。批評雖不是年譜的正軌，但可旁襯出譜主在當時的地位，總算年譜的新法門。

老實說，從前做年譜，太過拘束了。譜主文集沒有提起的人，雖曾和譜主交往而不知年分的人，都不曾佔得年譜的篇幅。我將現在儘可用三種體裁來調劑：和譜主關係最密切的，可以替他做一篇小傳；和譜主有關係而事蹟不多的，可各隨他的性質，彙集分類，做一種人名別錄；姓名可考，事蹟無聞，而曾和譜主交際的可以分別做人名索引。凡是替大學者大政治家做年譜，非有這三種體裁附在後面不可。

好像史記做了孔子世家之後又做仲尼弟子列傳，列傳後面有許多人都只有姓名而無事蹟，但司馬遷不因他們無事蹟而滅其姓名。朱熹王守仁的弟子可考的尚不少，我們從各文集和史書學案裏常常有所發現，若抄輯下來，用上面三種體裁做好，附在他們年譜後面，也可以彌補缺憾不少。

我自己做朱舜水年譜，把和朱舜水交往的人都記得很詳細。那些人名，日本人聽得爛熟，中國卻很面生。因爲朱舜水是開創日本近二百年文化的人，當時就已造就人才不少。我們要了解他的影響的大，須看他的朋友弟子跟著他活動的情形。雖然那些人的史料很缺乏，但我仍很想努力搜求，預備替他們做些小傳。像朱舜水一類的人，專以造就人才爲目的，雖然所造就的是外國人，但和我們仍有密切的關係，在他年譜記當時人，當然愈詳愈好。

(三) 關於紀載文章

紀載譜主文章的標準，要看年譜體裁是獨立的，還是附見的。附見文集的年譜，不應載文章。獨立成書的年譜，非載重要的文章不可。重要不重要之間，又很成問題。

王陽明年譜關於這點，比較的令人滿意。因爲他雖在文集中而已預備獨立。有關功業的奏疏，發揮學術的信札，很扼要的採入各年。獨立的年譜很可拿此譜做記載文章的標準。

王懋竑的朱子年譜不錄正式的著作，而錄了許多奏疏序跋書札。政治非朱子所長，政治的文章卻太多；學術是朱子所重，學術的文章卻太少。在王懋竑的意思，以爲把學術的文章放在年譜後的論學切要語中便已夠了，不必多錄。論學切要語的編法，固然不錯，但沒有注清楚做文的年分，使得讀者不知孰先孰後，看不出思想遷流的狀態，不如把論學的文章放入年譜還更好。性理大全朱子全集都依文章的性質分類，沒有先後的次序。王陽明編朱子晚年定論，說朱子晚年的見解和陸子一致，已開出以年分的先後看思想的遷流一條大路來。雖然王陽明所認爲朱子晚年的作品，也有些不是晚年的，但大致尚不差。王懋竑攻擊王陽明的不是，卻不曾拿出健全的反證來。朱子年譜載的文章雖不少，但還不能詳盡，總算一件缺憾。

記載文章的體例，顧亭林年譜最好。整篇的文章並沒有採錄多少，卻在每年敍事既完之後，附載那年所做詩文的篇目。文集沒有，別處已見的遺篇逸文，知道是那一年的，也記錄出來。文體既很簡潔，又使讀者得依目錄而知文章的先後，看文集時，有莫大的方便。這種方法很可仿用。篇目太多，不能分列各年之下，可另作一表，附在年譜後。

文學家的方面不止一種，作品也不一律，替文學家做年譜的人不應偏取一方面的作品。像蘇東坡年譜只載詩文的篇目，沒有一語提到詞，便是不對。作者以爲詞是小道，不應入年譜。其實蘇東坡的作品詞佔第一位，詩文還比不上。卽使說詞不如詩文，也應該平等的紀載篇目，或摘錄佳篇。現行的蘇東坡年譜不紀及詞，實在是一大缺點。

曾國藩是事業家，但他的文章也很好。卽使他沒有事業，單有文章，也可以入文苑傳。我們很希望他的年譜紀載他的文章詩句，或詩文的篇目。現行的曾文正公年譜，我嫌他載官樣的文章太多，載信札和別的文章太少。好文章儘多著，如李恕谷墓誌銘，昭忠祠記等，應該多錄，卻未注意。

純文學家的年譜祇能錄作品的目錄，不能詳錄作品，最多也祇能摘最好的作品記載一二。若錄多了，就變成集子，不是年譜的體裁了。玉谿生年譜箋註錄了許多詩篇，作者以爲那些詩都和譜主的生活有關，不能不錄全文。結果名爲年譜，實際成了編年體的詩註。就算做得很好，也祇是年譜的別裁，不是年譜的正格。有志做年譜的人們，還是審愼點好。

（四）關於考證

當然有許多年譜不必要考證，或是子孫替父祖做，或是門生替師長做，親見親聞的事原無多大的疑誤。如王陽明顏習齋李恕谷等年譜都屬此類。不過常常有作者和譜主相差的時代太久，不能不費考證的工夫的；又有因前人做的年譜錯了而改做的，也不能不有考證的明文。

考證的工夫本來是任何年譜所不免的，但有的可以不必寫出考證的明文，祇寫出考證的結果便已足。若爲使人明白所以然起見，卻很有寫出考證的明文的必要。所以明文應該擺在什麼地方，很值得我們考慮。

據王懋竑朱子年譜的辦法，在年譜之外另做一部考異，說明白某事爲什麼擺在某年，兩種傳說，那種是眞。年譜的正文，並不隔雜一句題外的話，看起來倒很方便。還有一種很普通的辦法，把考證的話附在正文中，或用夾注，或低二格。另有一種辦法，把前人做的年譜原文照抄，遇有錯誤處則加按語說明，好像劄記體一樣。張穆對於元遺山年譜便是用的第三種。

前面三種辦法各有好處。第一種，因爲考證之文太多令人看去覺得厭倦，所以另成一書，既可備參考，又可省讀年譜者的精神。第二種，可使讀者當時即知某事的異說和去取的由來，免得另看考異的麻煩。兩種都可用。大概考證多的，可另作考異，不十分多的，可用夾注，或低格的附文。但其中也有點例外。有些年譜，根本就靠考證纔成立，無論是創作或改作，他的考證雖很繁雜，也不能不分列在年譜各年之下。如作孟子年譜，年代便很難確定。如果要定某事在某年，便不能離本文而另作考異，必同時寫出考證的明文，說明爲什麼如此敍述，纔不惹人疑惑，而後本文纔可成立。假如孟子先到齊或先到梁的問題沒有解決，許多事情便不能安插，全部組織便無從成立。經過了考證，把問題解決了，若不把考證隨寫在下，便不能得讀者的信仰。又如我做陶淵明的年譜，把他的年紀縮短，生年移後，和歷來的說法都不同。假使不是考證清楚了，何必要改作？考證清楚了，若不開頭說個明白，讀者誰不丟開不看？像這類自然不能另作考異，亦不能作夾注，只好低二格附在各年本文之後。

至於第三種也有他的好處，因爲前人做的不十分錯，原無改作的必要，爲省麻煩起見，隨時發現錯誤，隨時考證一番，加上按語，那便够了。

大概考證的工夫，年代愈古愈重要。替近代人如曾國藩之類做年譜，用不着多少考證，乃至替清初人如顧炎武之類做年譜，亦不要多有考證，但隨事說明幾句便是，或詳或略之間，隨作者針對事實之大小而決定，本來不拘一格的。

（五）關於批評

本來做歷史的正則，無論那一門，都應據事直書，不必多下批評；一定要下批評，已是第二流的脚色。譬如做傳，但描寫這個人的眞相，不下一句斷語，而能令讀者自然了解這個人地位或價値，那纔算是史才。

做傳如此，做年譜也如此。眞是著述名家，都應守此正則。有時爲讀者的方便起見，或對於譜主有特別的看法，批評幾句也不要緊。但一般人每亂用批評，在年譜家比較的還少。現在拿兩部有批評的年譜來講，一是蔡上翔的王荆公年譜，一是胡適之的章實齋年譜。

與其用自己的批評，不如用前人的批評。年譜家常常如此，但亦不能嚴守此例。蔡上翔引人的話很多，用自己的話尤其多。胡適之有好幾處對舊說下批評，固然各人有各人的見解，但我總覺得不對，而且不是做年譜的正軌。蔡上翔爲的是打官司，替王安石辯護，要駁正舊說的誣蔑，也許可邀我們的原諒。但批評的字句應該和本文分開，不該插入紀事的中間。蔡胡都沒有顧及這點，以文章的結構論很不純粹。如果他們把自己的見解做成敘文或做附錄，專門批評譜主的一切，那麼，縱使篇幅多到和年譜相等，也不相妨了。

● 蔡上翔替王安石辯護的意思固然很好，但是他的作品卻不大高明。他把別人罵王安石的文章錄上了，隨即便大發議論，說別人的不對，這實在不是方法。我以爲最好是詳盡的敘述新法的內容，某年行某法，某年發生什麼影響，某年惹起某人的攻擊，便夠了。自己對於攻擊者的反駁，儘可作爲附錄，不可插入本文。凡是替大學者大政治家做年譜，認爲有做批評的必要時，都應該遵守這個原則。

（十八）關於附錄

上面講的考證和批評，我都主張放在附錄裏面。其實附錄不止這兩種，凡是不能放進年譜正文的資料，都可占附錄的一部分。

要知道譜主的全體，單從生年敍到死年還不夠。他生前的家況，先世的系統，父母兄弟的行事，……與其旁文斜出，分在各年下，不如在正譜之前，作一個世譜。王陽明年譜的世德紀便是世譜的一種格式。因爲王陽明的父祖都是有名的學者，做官也做到很大，年壽又高，並不是死在王陽明的生前。假使把他們的行事，插入年譜，一定覺得累贅。所以作者抄錄別人替他們做的傳和墓誌銘在一處，作爲年譜的附錄。雖然世德紀裏面，載了不少非世德的文章，有點名不副實；但這種不把附錄當正文的方法，總是可取。譬如陸象山幾兄弟都是大學者，互相師友。假使我們做陸象山的年譜，其關於他的兄弟行事，與其插入正文，不如另做小傳放在前面。這種世譜和小傳之類我們也可叫做「譜前。」

譜主死後，一般的年譜，多半就沒有記載了，其實不對。固然有些人死後絕無影響，但無影響的人，我們何必給他做年譜呢？即使說沒有影響吧，也總有門生子侄之類後來做了什麼事，那也總不能攞在年譜正文中。若譜主是政治家，他的政治影響一定不致跟他的生命而停止。若譜主是大學者，他的學風一定不致跟他的生命而衰歇。還有一種人生前偏和時勢沒有關係，死後若干年卻發生何等的影響。所以如果年譜自譜主死後便無什麼紀載，一定看不出譜主的全體，因而貶損年譜本身的價值。錢德洪等似乎很明白這點，他們的王陽明年譜在譜主死後還有二卷之多。陽明學派的盛行，全是陽明弟子的努力。陽明的得諡和從祀孔廟也靠許多友生的懇求。假使年譜不載陽明死後事，如何見得陽明的偉大？陽明年譜能稱佳作，這也是一個原因。但他不應仍稱死後事爲年譜，應該稱做「譜後，」做爲附錄的一種纔對。

我們根據這點去看王懋竑的朱子年譜，便很不滿意；因爲他敍到朱子死年便停止了；我們要想知道朱子學派的發達，學術的影響，是不可能的。同一理由，假使我們做釋伽牟尼年譜，尤其要很用心的做譜後。凡是佛教各派的分化，傳播，變遷，反響，都不妨擇要敍入。不必年年有，不必怕篇幅多。甚至紀載到最近，也沒有什麼不可以。

在上面的原則中也似乎有例外。譬如曾文正年譜沒有譜後，便沒有什麼要緊，因爲他的事業，生前都做完了，政治上的設施也沒有極大的影響。縱使有譜後，也不妨簡略些。若做胡文忠年譜便不然。因爲他和曾文正聯結許多同志想滅亡太平天國，沒有成功就死了。後來那些同志卒能成他之志。同志的成功，也就是他的成功。所以他的年譜譜後至少要記到克復江寧。

我做朱舜水年譜，在他死後還記了若干條，那是萬不可少的。他是明朝的遺臣，一心想驅逐滿清，後半世寄住日本，死在日本。他曾數說過，滿人不出關，他的靈柩不願回中國。他自己製好耐久不朽的靈柩，預備將來可以搬回中國。果然那靈柩的生命比滿清還長，至今尙在日本。假使我們要去搬回來，也算償了他的志願哩！我看清了這點，所以在年譜後，記了太平天國的起滅，和辛亥革命，宣統帝遜位。因爲到了清朝覆滅，朱舜水的志願纔算償了。假如這年譜在清朝做，是做不完的。假如年譜沒有譜後，是不能成佳作的。

此外有一種附錄可以稱做「雜事」的，是劉伯繩著劉蕺山年譜所創造的。後來焦廷琥的焦理堂年譜也倣做。劉伯繩因爲譜主有許多事蹟不能以年分，或不知在那一年，如普通有規則的行事，瑣屑而足顯眞性的言論等，都彙輯做附錄。邵廷采批評他拿本文紀大德，敦化的事，附錄紀小德川流的事，眞是毫無遺憾。從前的年譜遇著無年可歸的事，不是丟開不錄，便是勉強納在某年？結果，不是隱沒譜主的眞相，便是不合年譜的體裁。劉伯繩卻能打破這種毛病，注意前人所不注意的地方，創造新法來容納譜主的雜事，使得讀者既明白譜主的大體，又了解譜主的小節。這種體裁，無論何人的年譜都可適用。

其次，譜主的文章和嘉言懿行也可作附錄。文章言論很簡單的，可以分列各年；很繁多的，可以抄輯做附錄。大學者的文章言論，常常不是年譜所能盡載的，爲求年譜的簡明起見，非別作附錄不可。所以王懋竑在朱子年譜之後附了朱子論學切要語，這種方法可以通用。

張穆做顧亭林年譜雖然很好，我們卻看不出顧亭林和旁人不同之處何在，只因他要讀者先看了本集再看年譜，所以沒有附錄譜主的重要文章和言論。其實讀者那能都看本集，或許時間不夠，或許財力不足，若能單看年譜便了解譜主生平，豈不更好？所以爲便利讀者起見，作年譜必附錄譜主的主要文章和言論，尤其是學者的年譜。

批評方面的話，或入本文，或附譜末，均無不可。但爲年譜的簡明起見，自然以作附錄爲好。偉大的人物，每惹起後人的批評，或褒或貶，愈偉大的愈多。如王安石王守仁死了千數百年，至今還有人批評他們的好歹。倘使批評者確有特殊的見解，或能代表一部分人的意思，我們非附錄他的話不可。因為若不附錄批評，不但不能看出後人對譜主的感想，而且不足以見譜主的偉大。但有一點不可不注意，千萬不要偏重一方面的批評，單錄褒或單錄貶。

以上講的種種附錄，當然不能說詳盡。作者若明白年譜可多作附錄的原則，儘可創造新的體裁。附錄愈多，年譜愈乾淨。

從前作年譜太呆，單靠本文，想包括一切。前清中葉以後，著述的技術漸漸進步，關於上文講的六種——紀載的時事，時人文章，和考證，批評，附錄——都有新的發明。我們參合前人的發明，再加研究，還可以創造種種的新體例，新方法。

丙　年譜的格式

年譜的格式也得附帶的講一講。司馬遷做年表，本來參照周譜的旁行斜上。周譜今不可見；史記年表是有縱橫的格子的。年譜由年表變來；因為有時一年的事太多，一個格子不夠用，所以纔索性不要格子替古人做年譜，因爲事少的原故，還是用格子好。如孫貽讓作墨子年表，附在墨子閒詁之後；蘇輿作董仲舒年表，附在春秋繁露之前：都帶有年譜的性質。

假使要作孟子年譜，因爲當時有關係的不止一國，勢不能不用格子。橫格第一層記西曆紀元前幾年或民國紀元前幾年，第二層記孟子幾歲，第三層記孟子直接的活動，第四層以下各層分記鄒魯滕梁齊燕各國和孟子有關的時事，使得讀者一目了然。

假使杜甫年譜，最少也要把時事和他的詩和他的活動分佔一格，併起年代共有五格。因爲杜甫時事和曾國藩時事不同。曾國藩的活動和時事併成一片，杜甫的活動，只受時事的影響，所以一個的年譜不應分格，一個的應分格。假使杜甫年譜不分格，不但讀者看了不淸楚，而且體裁上也有喧賓奪主之嫌。

假使我們要改張穆的顧亭林年譜成年表的格式，也許可以較淸楚些。除了年代以外，一格記時事，一格記直接活動，一格記朋友有關的活動，一格記詩文目錄。因爲這四種在這年譜中剛好是同樣的多，併做一起，反爲看不淸楚。

所以年譜可以分格的人有二種：一種是古代事蹟很簡單的人，一種是杜甫顧炎武朱之瑜一類關心時事的人。前者不必論，因爲他本身不能獨立成一年譜，只好年表似的附在別書裏。後者因爲譜主只受了政治的影響，沒有創造政治的事實，倘把時事和他的活動混合，一定兩敗俱傷；倘分開，既可醒讀者的眼目，又可表現譜主受了時事的影響；——這是講年譜分格的格式。

第二種格式就是最通行的年譜正格，做文章似的，一年一年做下去。敍事的體例可分二種，一種是最簡單的平敍體，一種是稍嚴格的綱目體。

平敍體以一年爲單位，第一行頂格，寫某朝某年號某年譜主幾歲，第二行以下都低一格，分段寫譜主的直接活動，時事，詩文目錄。他的好處，在有一事便記一事，沒有取大略小的毛病。

綱目體是王陽明年譜首創的，第一行和平敍體相同，第二行也低一格，標一個很大的綱，第三行以下低二格，記這個綱所涵的細目。譬如綱記了某月某日宸濠反，目便記宸濠造反的詳情；綱記了是年始揭知行合一之教，目便記知行合一的意義。一事完了，又重新作別事的綱，繼續記別事的目，也分別低一格二格。這種體例有一種困難，到底要多大的事情纔可作綱？有綱無目，有目無綱，可以不可以？很要費斟酌。弄的不好，容易專記大事，忽略小事。假使大事小事都有綱有目，又不相稱。但我仍主張用這體，使得讀者較容易清楚；但作者須用心斟酌。

此外假使有一種人，有作年譜的必要，而年代不能確定，無法做很齊整的年譜，就可以作變體的。如司馬遷很值得做年譜，而某年生，有幾十歲，絕對的考不出。只有些事蹟還可考知是某年做的，某事在先，某事在後，雖然不能完全知道他的生平，記出來也比沒有較好。王國維的太史公繫年考略便是如此。

像司馬遷一類的人很多。文學家如辛棄疾姜夔都沒有正確完整的遺事。辛棄疾的史料還可勉強考出，對於姜夔可沒有辦法。但是他們的詞集中，有不少的零碎事蹟，鈎稽出來，也略可推定先後。這種人的年譜，雖然做起來無首無尾，也還可借以看他生平的一部分。所以變體的年譜也不可廢。

還有一種合譜，前人沒有這樣做過。合傳的範圍可以很廣，事業時代都可不必相同，所以前人已經做個很多。年譜若合二人的生平在一書內，最少也要二人的時代相同。我們看，從前有許多人同在一個環境同做一種事業與其替他們各做一部年譜不如併成一部可以省了許多筆墨和讀者的精神譬如王安石司馬光年紀只差一歲都是政黨的領袖皇帝同是這一個百姓同是這一些敵國同是金夏官職同是最高不過政治上的主張不同所以一進一退演成新派舊派之爭我們若拿他二人做譜主盡搜兩黨的活動事蹟在一部年譜之內看了何等明瞭何等暢快從前作者不曾想到這種體裁所以蔡上翔只做王荊公年譜顧棟高只做司馬溫公年譜我們仍舊只能得片面的知識。

凡同在一時代大家是朋友講求學術見解不同生出數家派別。如南宋的宋熹陸九淵張栻呂祖謙陳亮等我們若做一部合譜。一來可以包括一時的學界情形；二來公平的敍述不致有所偏袒；三來時事時人免得做數次的記載：這是最有趣味最合方法的事情。

就說不是學術界罷。曾國藩胡林翼同是從軍事上想滅太平天國的人雖然一個成功一個早死也可以替他們合做年譜。因爲他們的志願相同環境相同朋友相同敵人相同合做一年譜比分做方便多了。

就說不曾共事，不是朋友罷，也未嘗不可合做年譜。譬如顧炎武王夫之黃宗羲朱之瑜等或曾見面，或未知名，雖然不是親密的朋友，雖然不曾協力做一事，但是不願投降滿清的志願和行事是沒有一個不同的。他們的年紀都是不相上下，都因無力恢復明室，想從學術下手，挽救人心。我們若替他們合做年譜，不但可以省了記載時事的筆墨，而且可以表現當時同一的學風，可以格外的了解他們的人格。

上面所舉朱陸張呂陳一例，曾胡一例，顧王黃朱一例，做起合譜來，最有趣味。他們的事業在歷史上都是最有精彩的一頁，所以他們的合譜也是最有精彩的年譜。他們的見解相反的足以相成，他們的志願相同的竟能如願，他們的足跡不相接的卻造出同一的學風。百世之下，讀他們的合譜的還可以興起特別的感想，領受莫大的稗益。這樣合譜的功效比單人的年譜還更高些。——以上講年譜的格式完了。

丁　做年譜的益處

研究歷史的人在沒有做歷史之先，想訓練自己做史的本領，最好是找一二古人的年譜來做。

做年譜的好處最少有三種：

第一，我們心裏總有一二古人，値得崇拜或模範的。無論是學者，文人，或政治家，他總有他的成功的原因，經過，和結果。我們想從他的遺文或記他的史籍，在凌亂浩瀚中得親切的了解，系統的認識，是不容易的。倘使下一番工夫替他做年譜，那麼，對於他一生的環境，背景，事蹟，著作，性情等，可以整個的看出，毫無遺憾。從這上又可以得深微的感動，不知不覺的發揚志氣，向上努力。

第二，做年譜不是很容易的事情，但我們可借來修養做學問的性情，可用來訓練做歷史的方法。我們纔一動筆，便有許多複雜的問題跟著，想去解決，不是驟然可了的；解決不了，便覺乾燥無味；稍不耐煩，便丟下不做了。倘使這幾層難關都能够打通，則精細，忍耐，靈敏，勇敢，諸美德齊歸作者身上；以後做別的學問，也有同樣的成功了。譜主的事蹟，不是羅列在一處的，我們必須從許多處去找；找來了，不是都可以用的，我們必須選擇；擇好了，不是都是眞實的，我們必須辨別；辨淸了，不是都有年代的，我們必須考證；考定了，不是可以隨便寫上去的，我們必須用簡潔的文字，按照法則去敍述。至於無年可考的事蹟，言論，怎樣去安排；幫助正譜的圖表，怎樣去製造；譜前應從何時說起？譜後應到何時截止？種種困難，都須想方法解決。倘使不能解決，便做不成年譜；倘使做成了年譜，以後做別的歷史便容易多了。

第三，年譜和傳不同：做傳不僅須要史學，還要有相當的文章技術；做年譜卻有史學便够了。因爲年譜分年，上年和下年不必連串；年譜分段，上段和下段不必連串；所以卽使作者的文章並不優美，只要通順，便綽綽有餘了。

有志史學的人，請來嘗試嘗試罷！

第六章 專傳的做法

專傳在人物的專史裏是最重要的一部分。歷史所以演成，有二種不同的解釋：一種是人物由環境產生，一種是人類的自由意志創造環境。前人總是說歷史是偉大人物造成，近人總是說偉大人物是環境的胎兒。兩說都有充分的理由而不能完全解釋歷史的成因。我們主張折衷兩說：人物固然不能脫離環境的關係，而歷史也未必不是人類自由意志所創造。歷史上的偉大人物倘使換了一個環境，成就自然不同。無論何時何國的歷史，倘使抽出最主要的人物，不知做成一個甚麼樣子。所以我們作史對於偉大人物的自由意志和當時此地的環境都不可忽略或偏重偏輕。

中國人的中國史由那些人物造成？因爲抽出他來中國史立刻變換面目的人，約莫有多少？倘使我們做中國通史而用紀傳體做一百篇傳來包括全部歷史，配做一傳的人是那一百個？——我們如要答復這些問題，不能不有詳細的討論：

南宋鄭樵似乎曾有偉大計畫，以通志代替十七史：但是沒有成功，除了二十略以外，看的人便很少了。他爲什麼失敗？只因他太不注意紀傳了。我們翻通志的紀傳看看，和十七史的有何分別，那裏有點別識心裁？讀者怎麼不會「寧習本書，怠窺新錄？」——其實我們要做那種事業，並非不可能。只要用新體裁做傳，傳不必多而必須可以代表一部分文化，再做些圖表來輔助，新史一定有很大的價值。

我常常發一種稀奇的思想，主張先把中國全部文化約莫分爲三部：

（一）思想及其他學說

（二）政治及其他事業

（三）文學及其他藝術

以這三部包括全部文化，每部找幾十個代表人，每人給他做一篇傳。這些代表須有永久的價值，最少可代表一個時代的一種文化。三部雖分精神仍要互相照顧。各傳雖分，同類的仍要自成系統。這樣，完全以人物做中心，若做的好，可以包括中國全部文化在一百篇傳內。

這種方法也有缺點，就是恐怕有時找不出代表來：第一，上古的文化幾乎沒有人可以做代表的，因爲都是許多人慢慢的開發出來。雖然古史留下不少的神話人物如黃帝堯舜大禹伊尹等，但都是口說中堆墚出來的，實在並不能代表一部分文化。所以我們要想在上古找幾個人代表某種文化是絕對不可能的。第二，中古以後，常有種種文化是多數人的共業，多數人中沒有一個領袖。譬如詩經是周朝許多無名氏做作品，在文化史上極有價值，但我們找不出一個可以做代表的人來。若因孔子曾删詩就舉他做代表，未免太鹵莽。又如淮南子是道家思想的結晶，在秦漢文化中佔有很重要的位置，但我們也找不出一個人做代表。若說是劉安編輯的書就舉他做代表，也未免不明事理所以我們對於這種許多人的共業眞是不易敍述。

上段講的缺點第一種竟不能用人物傳只好參用文物的專史做一篇上古的文化敍述各種文化的最初狀況。第二種卻可用紀傳史中儒林傳文苑傳黨錮傳的體裁，把許多人平等的敍述在一篇合傳；如詩經不知作者姓名，則可分成若干類卽叫他「某類的作者」合起多類便可成一傳，便可包括此種文化。

我很希望做中國史的人有這種工作——以一百人代表全部文化，以專傳體改造通志。試試看，一定有很大的趣味，而且給讀者以最淸楚的知識。這種做法並也沒有多大奧妙只把各部文化都分別歸到百人身上，以一人做一代的中心，同時同類的事情和前後有關的事情都擺在一傳內，一傳常可包括數百年。我們卽使不去改造通志，單做一部百傑傳，也未嘗不可。

說起這種體裁的好處，最少也有二種：第一，譬如哲學書或哲學史，不是專家看來，必難發生趣味。假使不做哲學史而做哲學家傳，把深奧的道理雜在平常的事實中，讀者一定不覺困難而且發生趣味。因爲可以同時知道那時的許多事情，和這種哲學怎樣的來歷，發生怎樣的結果，自然能够感覺哲學和人事的關係，增加不少的常識。哲學如此，旁的方面無不如此。專門人物普通化，專門知識普通化，可以喚起多數讀者研究學問的精神，注重歷史的觀念。

第二，事業都是人做出來的。所以歷史上有許多事體，用年代或地方或性質支配，都有講不通的；若集中到一二人身上，用一條線貫串很散漫的事蹟，讀者一定容易理會。譬如鮮卑到中原的種種事實，編年體的資治通鑑不能使我們明瞭，紀事本末把整個的事團分成數部，也很難提挈鮮卑人全部的趨勢。假使我們拿鮮卑人到中原以後發達到最高時的人物做代表——如魏孝文帝——替他做一篇傳；凡是鮮卑民族最初的狀況，侵入中國的經過，漸漸同化的趨勢，孝文帝同化政策的厲行，以及最後的結果，都一齊收羅在內，就叫做魏孝文帝傳；那麽讀者若還不能得極明瞭的觀念，我便不相信了。

我相信用這種新的專傳體裁做一百篇傳，儘能包括中國全部文化的歷史。現在姑且把值得我們替他做傳的人開個目錄出來，依文化的性質分爲三部。但憑一時思想所及，自然不免有遺漏或不妥的地方，待將來修補罷！

(一)思想家及其他學術家

(1)先秦時代：孔子，墨子，孟子，莊子，荀子，韓非子。

爲什麼沒有老子呢！因爲老子帶神話性太濃，司馬遷已經沒有法子同他做詳確的傳，我們還能夠麼？老子這部書在思想史上固然有相當位置，但不知是誰做的，我所只好擺在莊子傳裏附講，因爲他的思想和莊子相近。這種確是一個方法：書雖重要而未知作者，只好把他的思想歸納到同派之人身上，纔不會遺漏。

(2)漢代：董仲舒，司馬遷，王充。

西漢的淮南子雖是道家最重要的書，但非一人的作品，不能做專傳，或者可以另做道家合傳，或者可以附這種思想在莊子傳後。

(3)三國兩晉南北朝隋。

這個時代，幾乎沒有偉大的中國思想家。魏王弼的思想似乎有點價值，但他的事蹟很少，不夠做傳。隋代的中說倘使眞是王通做的，在周隋那種變亂時代有那種思想總算難能可貴。但其中大半是敍王通和隋唐閒人來往的事，閒人都是王通的門生，儼然孔門氣象，其實都不可靠。假使這種話是王通說的，王通是個卑鄙荒謬的人。假使這種話是王通門人說謊，這部中說便根本沒有價值。所以中說雖和思想界有點關係，而王通還不值得做傳。

(4) 北宋：張載，程顥，程頤合。

專傳也並不是很呆板的拿一人作主，也可平敍二人，參用合傳的體裁。程顥程頤是兄弟，有分不開的關係，又不能偏重一人，所以只好平敍。爲什麽北宋又沒有周敦頤呢？周敦頤雖宋儒最推重的人，但他的太極圖說是眞是僞在宋代已成問題，除了太極圖說又沒有旁的可講，怎麽能代表一種學派呢？

(5) 南宋：朱熹，陸九淵，呂祖謙。

(6) 明代：王守仁。

元代只衍宋儒的學說，沒有特出的人才。明代的思想家委實不少，但因爲王守仁太偉大了，前人的思想似乎替他打先鋒，後人的思想都不能出他的範圍，所以明代有他一個人的傳便儘够包括全部思想界。

（7）清代：顧炎武，黃宗羲，朱之瑜，顏元，戴震，章學誠。

顧黃是清代兩種學風的開山祖師，或分做二傳，或合爲一傳，都可以。朱之瑜的影響雖然不在中國，但以中國人而傳播中國思想到日本，開發日本三百年來的文化，是很値得做專傳的。

——以上列的思想家都是中國土產，若能彀好好的替他們做傳，很可以代表中國土產的思想。雖然各時代的人數有多有少，却幷不是說人多的便是文化程度高，人少的便是文化程度低。一來呢，略古詳今是歷史上的原則；二來呢，有的時代思想的派別太複雜了，不是人多不能代表。所以宋淸兩代的人數比較的多，是無法可想的。明代雖只王守仁一人，却已儘彀代表一代，並不是明代的文化比宋淸兩代低。

驟然看來，似乎中間有幾個時代，中國沒有一個思想家，其實不然。上面的目錄不過爲敍述的方便起見，先開出土產的思想家來。其實還有重要的部分擺在後面，便是從印度來的佛家思想。當土產思想衰歇的時代，正是佛家思想昌盛的時代，如三國兩晉南北朝隋唐都是。現在可以把那些時代的思想家列在下面：

（1）南北朝：鳩摩羅什，道安慧遠合：

鳩摩羅什是最初有系統的輸入佛家思想的第一人。從前雖有些人翻譯些佛經，但很雜亂零碎。到了他纔能舉嚴格的選擇完整的介紹。他的門弟子很多，都繼續他的翻譯事業。從此以後，中國人對於佛家思想纔能夠有眞實的認識和研究。到了道安慧遠便能自己拿出心得來，一個在北朝，一個在南朝，又有師生的關係，所以非合傳不可。我們拿鳩摩羅什代表翻譯者，拿道安慧遠代表創造者，有這二傳可以包括南北朝的佛家思想界。

（2）隋唐：智顗，玄奘，慧能，澄觀，善道。

這五人中，玄奘完成輸入印度佛家思想的偉業，餘人創造中國的佛家思想。智顗是天台宗的始祖，慧能是禪宗的始祖，澄觀是華嚴宗的始祖，善道是淨土宗的始祖。同樣，玄奘也是法相宗的始祖，不過後來不久就衰歇了。這幾派的思想內容和後來狀況都可在各始祖傳內敍述。

——佛家思想有這八人做代表足以包括全部。在印度時的淵源如何，初入中國時的狀況如何，中國人如何承受，如何消化，如何創造新的，如何分裂爲幾派，一直到現在怎麽樣，都分別歸納在這八人身上，諒必沒有甚麽遺憾了。

正式的思想家有上面所列的數十人似已夠了。此外還有許多學術也可依性質分別，拿些人做代表，合做幾篇傳；不過比較的難一些。

（1）經學：鄭玄許愼合。

（2）史學：劉知幾鄭樵合。

爲甚麽章學誠不擺在史學家而在思想家呢？因爲他的思想確乎可以自成一派，比史學的建樹還更大，並不是單純的史學家。劉知幾鄭樵卻不然，除了史學，別無可講；史學界又沒有比得他倆上的人，所以拿他們做史學家的代表。

（3）科學：秦九韶李冶合。沈括郭守敬合。梅文鼎王錫闡合。

（4）考證學：錢大昕王念孫合。

爲甚麽戴震不在考證學之列呢？因爲他的思想很重要，和章學誠相同。

——正式的思想界較易舉出代表各種學術可不容易，尤其是自然科學。這裏所舉的未必都對，將來可以換改。

(二)政治家及其他事業家

(1)皇帝：秦始皇，漢武帝，東漢光武帝，魏武帝(曹操)宋武帝合。北魏孝文帝，北周孝文帝附。唐太宗，元太祖，明太祖明成祖附。淸聖祖，淸世宗高宗附。

春秋戰國以前的政治不統屬於一尊，頗難以一傳包括，縱使能够，也不是君主所能代表，況且當時沒有皇帝？漢高祖雖然創立數百年基礎，而政治上的規模完全還是秦始皇這一套，沒有專做一傳的價値。漢武帝卻不同，確是另一個新時代。秦始皇是混一中國舊有民族的人，他是合併域外民族，開拓荒遠土地的人。到了他那時代，中華民族，漲到空前的最高潮，實在値得做一篇傳。東漢光武帝在皇帝中最稀奇，簡直是一個實際的政治家。魏武帝宋武帝是混爭時代的略有建樹者，北魏孝文帝北周孝文帝是五胡同化於中國的促成者，唐太宗是擴張中華民族威力的努力者。惟獨宋代沒有特色的皇帝，太祖太宗眞宗仁宗都只有庸德，無甚光彩。元太祖是蒙古民族的怪傑，他伸巨掌橫亙歐亞二洲，開世界空前絕後的局面。明太祖恢復中國，清聖祖等開拓蒙回藏：這些皇帝都可以代表一個時代。

（2）實際的政治家：周公，子產，商鞅，諸葛亮，王安石，司馬光，合。張居正，曾國藩，胡林翼，合。李鴻章，孫文，蔡鍔。

周公雖有許多事蹟，卻不全眞，有待考證。但割棄疑僞部分，專取眞實部分，也可以够做一篇傳。尙書裏有大誥，洛誥，多士，多方，是周公的遺政，詩經也有些。儀禮，周禮向來認做周公制定的，其實不然。周代開國的規模，還可以從左傳，國語得著些。近來王國維著殷周制度論，從甲骨文和東周制度推定某種制度是周公制定的，也可供我們取裁。所以周公的傳還可以做，凡殷周以前政治上的設施，都可歸併成一篇。

春秋時代很難找個政治家可以代表全部政治的。管仲似乎可以，而管子這書所載的政治，有許多和左傳不同。但那種貴族政治又不能不有專篇敍述，我說與其找管仲做代表，不如找子產更好。因爲子產本身的事蹟，左傳敍的很明白詳細；他的雖然是小國的政治領袖，而和各大小國都有很深的關係，又是當時國際間的外交中心人物，所以我們很可以借他的傳來敍述春秋時代的貴族政治。

從貴族政治到君主專制的政治是中國的一大改變。最初打破貴族政治，創造君主專制的是商鞅。所以商鞅很值得做傳。本來，要說君主專制政治的成功，還屬李斯，似乎應該替李斯做傳。但李斯的政策是跟商鞅走的，時代又和秦始皇相同，所以可把他的事業分給那二篇傳。

漢朝眞寒儉，沒有一個政治家。宰相以下不曾見一個有政治思想或政治事業的人，蕭何曹參都只配做李斯的長班。好在有二個偉大的皇帝，尤其是光武帝的穩健政治，簡直沒有別的皇帝可以比配得上。

兩晉南北朝隋唐也沒有政治家，王猛可以算一個，而他的政治生命太短，又不能做當時政治的中心。

大概有偉大的皇帝就沒有出色的臣下。譬如房玄齡杜如晦總算有點設施，卻被唐太宗的光芒蓋住，不能做時代的中心。唐朝一代的政治本來很糟，姚崇宋璟裴度李德裕都算不了什麼。宋朝卻剛好相反，皇帝不行，臣下卻有很鮮明的兩個政黨，兩黨的領袖就是王安石司馬光，所以我們替王安石司馬光做合傳，足以包括宋朝的政治。

明代有種特點，思想家只一王守仁，事業家只有一明太祖，政治家只有一張居正。

清代前半有皇帝無名臣，道光以後有大臣無英主。曾國藩打平內亂，李鴻章迭主外交，都可以代表一部分政治。

民國的醞釀成立，紛亂，沒有幾次和孫文無關係。現在孫文雖死，而他所組織的國民黨仍舊是政治的中心。所以近代政治可以歸納在孫文傳內。中間有一部分和他無關，可以做蔡鍔傳來包括。但蔡鍔做時代中心的時期太短，不十分夠。

——上面講的都是關係全局的政治或事業家。此外有些雖不是拿全局活動而後來在政治上有很大影響的，如

鄭成功張煌言

二人支持晚明殘局，抵抗外來民族，和後來的辛亥革命有密切的關係。我們可以替他們做合

傳，包括明清之間的民族競爭。

（3）羣衆政治運動的領袖：陳東張溥合。

東漢黨錮是羣衆政治運動的嚆矢，但很難舉出代表來，可以放在陳東張溥合傳前頭。陳東代表宋朝，張溥代表明朝，足以表現數千年羣衆的政治運動。

（4）民族向外發展的領袖：張騫班超合，王玄策鄭和合。

張班王都是通西域的，鄭和是下南洋的，關係民族發展甚大。後來無數華僑繁殖國外，東西文化交換無阻，西北拓地數十萬方里，都是受他們的賜。此外，如衞青霍去病史萬歲李靖的戰功本來也值得做傳，不過衞霍可入漢武帝傳，史李可入唐太宗傳，無須另做。

㈢文學家及其他藝術家

最古的文學家應推詩三百篇的作者，但我們竟不能找出一個作者的姓名來。戰國作離騷等篇的屈原，確乎是有名的第一個文學家，但他的事蹟不多，眞實的尤少。我們爲方便起見，不能不勉强的做篇屈原傳以歸納上古文學，所以

（1）文學：戰國：屈原。

漢賦：司馬相如。

三國五言詩：曹植，建安餘六子附。

六朝五言詩：陶潛，謝靈運附。

六朝駢文律詩：庾信，徐陵附。

唐詩：李白，杜甫，高適，王維附。

唐詩文：韓愈，柳宗元合。

唐新體詩：白居易。

晚唐近體詩：李商隱，溫庭筠。

五代詞：南唐後主。

北宋詩，文，詞：歐陽修，蘇軾，黃庭堅附。

北宋詞：柳永，秦觀，周邦彥。

北宋女文學家：李清照。

南宋詞：辛棄疾姜夔合。

元明曲：王實甫高則誠湯顯祖合。

元明清小說：施耐庵，曹雪芹。

這不過把某種文學到了最高潮的那個人列出表來。做傳的時候能不能代表那種文學的全部，尙不可知。臨時或增或改，不必一定遵守這個目錄。

(2)藝術家

藝術家很重要，但很難做傳。因爲文學家遺留了著作或文集可以供給我們的資料，藝術家的作品常常散亡，不能供給我們以資料。這是一層。某種藝術的最高潮固然容易找出，但最高潮的那個人未必就能代表那種藝術。這是二層。藝術的派別最繁雜，非對於各種藝術都有很深的研究便不能分析得清楚。這是三層。因此，有許多藝術家幾乎不能做傳，能夠做傳的也不能獨佔一專傳以代表一種藝術。到了這裏，普通的史家差不多不敢動手，一人的專傳差不多不合體裁。大約要對於藝術很擅場的人，把各個藝術家的作品事蹟，研究得很清楚，以科學的史家的眼光，文學家的手腕，挑剔幾十個出色的藝術家，依其類別，做兩篇合傳，纔可以把藝術界的歷史描寫明白。這樣，也是很有趣味的事情，但作者非內行不可。

上面講的思想家政治家文學家三大類，都是挑剔幾十個第一流人物來做傳。此外還有許多第二流的，經學家，史學家，理學家，科學家，文學家，醫學家，繪畫家，雕刻家和工藝的創作者，因其不十分偉大的緣故，不能專佔一傳；因其派別不統屬於任何人的緣故，不能附入某傳：專傳之技術，至此幾窮。但我們不妨採用紀傳史的儒林傳文苑傳方技傳的體裁，搜羅同類的人合成一傳，以補專傳的缺憾。

像這樣，以幾十篇專傳做主，輔以幾十篇合傳，去改造鄭樵的通志，或做成中國百傑傳，可以比別的體裁都較好。但做得不精嚴時，也許比通志還糟。這個全看作者的天才和努力。

接著，本來想把專傳的做法，拈出幾個原則來講，卻很不容易。現在倒回來先講我多年想做的幾篇傳，如何做法，然後也許可以抽出原則來。那幾篇傳的目錄如左：

（一）孔子傳。
（二）玄奘傳。
（三）王安石傳，司馬光附。（以下四傳畧而未講）
（四）蘇軾傳。
（五）王守仁傳。
（六）清聖祖傳。

這幾篇的做法各有特點，講出來很可給大家以一個榜樣。現在依照次序，先講孔子專傳的做法：

甲　孔子傳的做法

孔子是中國文化唯一的代表，應有極詳極眞的傳，這是不用說的。但我們要做孔子專傳，比做甚麼都難。歐洲方面有法人 Renan 做了一本耶穌基督傳，竟使歐洲思想界發生極大影響而糾正了許多謬誤的思想。中國現在極需要這樣一篇孔子傳，也可以發生同樣效果。

許多人的傳很難於找資料；孔子傳卻嫌資料太多，那方面都有。古代人物稍出色點，便有許多神話附在他身上。中國人物沒有再比孔子大的，所以孔子的神話也特別的多。

做孔子傳的頭一步是別擇資料。資料可分二部：一部分是孔子一身行事，平常每日的生活，屬於行的方面的。一部分是孔子的學說，屬於言的方面的。二部都要很嚴格的別擇；因為都有神話，都有偽蹟。

孔子一身所經的歷史，最可信的似乎是史記孔子世家，不過細細看來，到底有十分之一可信否，尚是疑問。另外，孔子家語全記孔子，但是魏晉間偽書。其中採取漢以前的書不少，似乎雖是偽書，不無可取。不過孔子死後不數年便已有種種神話，所以漢以前的書已採神話當實事。若認眞替孔子做傳，可以做底本的孔子世家孔子家語都不可靠。所以關於孔子行的方面的資料的別擇很難。

採取資料的原則，與其貪多而失眞，不如極謹嚴，眞可信纔信，無處不用懷疑的態度。清崔述著洙泗考信錄，把關於孔子的神話和偽蹟都一一的剔開，只保留眞實可靠的數十事。雖然未免太謹嚴，或致遺漏眞蹟，但我們應當如此。只要眼光銳利，眞蹟被屏的一定少，偽蹟混眞的一定可以被屏。

對。

崔述採取資料，專以論語爲標準，左傳孟子有關於孔子的話也相當的擇用。這種態度，大體很對。但一方面嫌他的範圍太窄，一方面又嫌太寬了。怎麽說他太窄呢？因爲論語以記言爲主，很少記事，就是鄉黨篇多記了點事，也只是日常行事，不是一生經過。像崔述那樣，專靠論語，不採他書，實在太缺乏資料了。這種地方本來也很困難，放寬點範圍便會鬧亂子，所以崔述寧可縮小範圍。譬如論語以外兩部禮記也記了孔子許多事，到底那一種可採，那一種不可採，各人有各人的看法。崔述既然以論語做標準，看見和論語相同或不背謬的便採用，否則完全不要。這樣，不免有些眞事沒有採用。又如孟子那部書關於孔子的話，是否可以和論語一樣看待，還是問題。孔子死後百餘年而孟子生，又數十年而荀子生。論理，孟子荀子同是孔子大師，同是孔子後學，二人相隔年代並不遠，所說的話應該同樣的看待。崔述看重孟子，看輕荀子，洙泗考信錄取孟而棄荀，未免主觀太重罷。卽使以論語爲標準，也應該同等的看待論語以外的書如孟子荀子禮記等，纔不致有範圍太狹窄的毛病。

爲甚麽說崔述採取資料的範圍太寬呢？譬如他以論語爲主，而論語本身便已有許多地方不可輕信。他自己亦說過論語後五篇很靠不住。但是他對於五篇以外諸篇和左傳孟子等書常常用自己的意見採取，凡說孔子好的都不放棄，也未免有危險。固然有許多故意誣衊孔子的話應該排斥，但也有許多故意恭維孔子，誇張孔子的話，常常因爲投合大家的心理而被相信是千眞萬確，這種，我們應該很鄭重的別擇。若有了一種成見，以爲孔子一定是如此的人，決不致那樣，某書說他那樣，所以某書不足信，這就範圍太寬的毛病。

現在舉三個例證明有許多資料不可靠。譬如論語說：「公山不狃以費叛，召，子欲往。子路不說，……子曰：「夫召我者，而豈徒哉？如有用我者，吾其爲東周乎！」從前都很相信孔子眞有這回事。其實公山不狃，不過一個縣令，他所以反叛，正因孔子要打倒軍閥。孔子那時正做司寇，立刻派兵平賊，那裏會丟了現任司法總長不做，去跟縣令造反，還說甚麼「吾其爲東周？」又如論語陽貨篇說「佛肸召，子欲往。……」佛肸以中牟叛趙襄子，是孔子死後五年的事，孔子如何能够欲往？又如論語季氏篇說「季氏將伐顓臾，冉有子路問於孔子。……」子路做季氏宰，是孔子做司寇時事，冉有做季氏宰，是孔子晚年自衞返魯時事，如何會同時仕於季氏？這三例都是崔述考出來的，可見我們別擇資料應該極端愼重，與其豐富，不如簡潔。

但是別擇以後，眞的要了，僞的如何處置呢？難道只圖傳文的乾淨，不要的便丟開不管嗎？如果丟開不管，最少有二種惡果：一、可以使貪多務博的人又檢起我們不要的資料當做寶貝；二、可以使相傳的神話漸漸湮沒，因而缺少一種可以考見當時社會心理或狀態的資料。所以我以爲做完孔子傳以後，應當另做附錄。附錄也不是全收被屏的資料，只把神話分成若干類，每類各舉若干例，列個目錄，推究他的來歷。這樣，一面可以使一般人知道那些材料不可靠，一面又可以推測造神話者的心理，追尋當時社會的心理。

許多神話的一種是戰國政客造的。那些縱橫遊說之士全爲自己個人權利地位着想，朝秦暮楚，無所不至。孟子時代已有那種風氣，後來更甚。他們因爲自己的行爲不足以見信於世，想借一個古人做擋箭牌，所以造出些和他們行爲相同的故事來。如漢書儒林傳說「孔子奸七十餘君。」論語說「公山不狃召，」「佛肸召，」都是這類。這對於孔子的人格和幾千年的人心都很有關係。從來替孔子辯護的人枉費了不少的心思，勉強去解釋；攻擊孔子的人集矢到這點，說孔子很卑鄙：其實那裏有這會事呢？完全是縱橫家弄的把戲。

孔子神話的另一種是法家造出來的。法家刻薄寡恩，閉塞民智，因恐有人反對，所以造出孔子殺少正卯一類的故事來。孔子世家說「孔子行攝相事，誅魯大夫亂政者少正卯。」孔子家語說，少正卯的罪名是「心逆而險，行僻而堅，言偽而辯，記醜而博，順非而飾。」其實孔子攝相是夾谷會齊時做定公的賓相，並不是後人所謂宰相，並沒有殺大夫的權限。況且孔子殺少正卯的罪名，和太公殺華士，子產殺史何，完全一樣：這種故事，不是法家拿來做擋箭牌，預備別人攻擊他們刻薄時，說一聲「太公子產孔子都已如此，」還是什麼呢？

從戰國末年到漢代，許多學者不做身心修養的工夫，專做些很瑣屑的訓詁考證，要想一般人看重他們這派學問，不能不借重孔子。於是又有一種神話出現，這已是第三種了。他們因為論語有「大哉孔子，博學而無所成名」的話，就造出許多孔子博學的故事。後來有一種荒謬的觀念，說「一物不知，儒者之恥。」全因誤信孔子神話的緣故。譬如國語說，「吳伐越，墮會稽，獲骨馬，節專車，」本不足怪，也許那時發現了古代獸骨，但孔子決不會知道是甚麼骨，因為他不是考古家。那上面卻說孔子知道是防風氏的骨，當大禹大會諸侯於會稽時，防風氏後至，大禹把他殺了。另外還有一部書說，孔子和顏回登泰山，遠望閶門，比賽眼力；顏回看了半天，纔認淸那裏有一個人；孔子卻一看就知道那人還騎了馬；二人下山，顏回精神委靡，頭髮頓白，不久便死了，孔子卻沒有什麼。這一大段絕對非科學的話，也絕對非孔子的學風，自然是後來一般以博爲貴的人所造的謠言，故意附在孔子身上。諸如此類，尙不止只有這三例，我們非辨淸不可。

因此，我主張，做孔子傳，在正文以外，應作附錄或考異，考異還不很對，以附錄爲最合宜。我們把上面這類神話搜集起來，分部硏究，辨別他從何產生，說明他不是孔子眞相；剩下那眞的部分放進傳裏，那就可貴了。

神話撇開了，還有孔子學說的眞相，要想求得全眞，好好的敍述出來，也實在困難。工作的時候，應分二種步驟：

（一）揀取可入傳文的資料；

（二）整齊那些資料，分出條理來。

關於第一項，頭一步就是六經（卽六藝）和孔子有無關係，要不要入傳。自漢以來，都稱孔子刪詩書定禮樂贊易作春秋內中贊易及作春秋尤爲要緊因爲這二種帶的哲學尤重。詩和書，我不相信孔子刪過縱有關係也不大。儀禮，決不是周公制定的，許有一部分是通行的，經孔子的審定，另一部分是孔子著作。樂沒有書了，也許當時是譜，和孔子卻有密切的關係。論語，「子曰：吾自衛返魯，然後樂正，」樂是孔子正定的可知。史記「詩三百篇孔子皆弦而歌之。」從前的詩，一部分能歌，一部分不能，到孔子「皆弦而歌之，」就是造了樂譜，援詩入樂。論語，「子於是日哭，則不歌，」那麼孔子不哭這天一定要歌了；「子與人歌而善，必使反之，而後和之，」別人唱的好，他老先生還要他再來一次，還要和唱，可見興趣之濃了。從這類地方看來，大概孔子和樂確有關係。易，關係尤深，其中講哲理的地方很多。卦辭爻辭發生在孔子以前，不必講；說卦離卦序卦，後人考定不是孔子作的；彖象，大家都說是孔子作的，無人否認；剩下的繫辭文言，或全是孔子或一部分是孔子作。假使易內這二種全是孔子所作，那麼大的範圍，應佔孔子傳料的第一部，論語倒要退居第二部；但是我個人看來，這樣很不妥當。繫辭文言說話太不直率，輾轉敷陳，連篇累牘，不如論語的質樸，最早當在孔子孟子之間，大概是孔門後學所述。我們要作孔子傳，不能不下斷語。繫辭文言，裏面很多「子曰。」假如有

「子曰」的是孔子說的，沒有「子曰」的又是誰作的呢？假如有「子曰」的也不是孔子說的，那又是何人作的呢？我個人主張，那都是孔門後所述。剩下的春秋，司馬遷董仲舒都很注意，以爲孔子有微言大義在裏面。孔子講內聖外王之道，易講內聖，春秋講外王，他自己也說「其義則丘竊取之矣。」春秋的義到底是甚麼東西？後來解義的公羊傳穀梁傳左氏傳春秋繁露到底那書可信？或都可信？可信的程度有多少？很是問題。宋王安石卻一味抹殺，說春秋是斷爛朝報，和今日的政府公報一樣，沒甚麼意義，這且不管。左氏傳晚出，最少，解春秋這部分是後來添上去的。公羊傳穀梁傳大同小異，經師說是全由孔子口授下來的，爲甚麼又有大同小異呢？所以這些微言大義是否眞是孔子傳出，還是董仲舒何休等造謠，都是問題。縱使不是他們造謠，而他們自己也說是口口相傳，到西漢中葉纔寫出文字的，那麼有沒有錯誤呢，有沒有加添呢，我們相信他到什麼程度呢？——關於這些問題，（作孔子傳選取六經的問題）各人觀察不同，所取的問題，必各不同。一種人相信繫辭文言左傳公羊傳穀梁傳都和孔子沒有關係，只有論語的大部分可信，其餘一概抹殺，這是崔東壁的態度，未免太窄了些。還有一種人不管「牛溲馬渤，敗鼓之皮」凡是相傳是和孔子有關的書都相信，這自然太濫了，不應該。若是我作孔子傳，認易的彖象是孔子作的，繫辭文言是孔門後學作的；認春秋的公羊傳有一部分是孔家所有，一部分是後儒所加；如何辨別，也無標準，只好憑忠實的主觀武斷；認詩書是孔子教人的課本，認禮樂同孔子有密切的關係：孔子和六經的關係既已確定，就可分別擇取入傳了。

六經以外，有許多傳記，我們拿什麽做標準去揀取傳料呢？我以爲論語的前十篇乃至前十五篇是揀料的標準，其餘各書關於孔子的紀載沒有衝突的可取，有的不取，這最可靠。論語以外，孟子荀子繫辭文言有許多「子曰」，「子曰」以下的話，完全可認爲孔子說的。但若依孫星衍的話，那些「子曰」以下的文章互相矛盾的地方也很多，到底是孔子所講，還是孔門所講，很難確定，只好拿論語前十五篇做標準去測量，所以凡是各種傳記關於孔子的記載都要分等第。崔東壁把論語也分成三等，前十篇第一，中五篇第二，後五篇第三，第四等纔是繫辭文言，這是很對的。

禮記也有很充分的資料可入孔子傳，我們可錄下來，細心審查，那章那句同論語相同相近，那章那句和論語不同相遠，這樣可以互相發明，可以得眞確傳料。據我看，禮記裏「子曰」以下的話，可以和無「子曰」的話同樣看待，繫辭文言裏「子曰」以下的話亦是一樣，都是孔門後學所追述，儒家哲學所衍出，也許孔子的確說過這種話，後儒由簡衍繁，或以己意解釋，若說的和孔子本意不甚相遠，雖然不是孔子親口說的，最少也可認爲孔子學派的主張。同樣的例證，佛家對於佛說也常常和禮記繫辭的子曰一樣，大藏六千卷中有五千卷都說「如是我聞佛說」，那不必一定都是佛說的。佛家有一句話，「依法不依人」眞是釋迦牟尼說的話固須相信；就是佛門弟子或後人說的，而又不曾違背佛說，也可相信。我們對於儒家的態度亦應如此。繫辭文言孟子荀子禮記乃至莊子等書，引孔子，解孔子，都是孔子學說的資料。我們可以拿來分別等第，什麼是基本的，什麼是補充的，補充的以不違背基本的爲主。

關於孔子傳的第一問題——揀取可入傳文的資料的問題——上文已經解決了。怎樣整齊那些資料分出條理來呢？換句話說，就是怎樣組織這篇文章呢？這就歸到第二問題了。我們旣以論語爲擇料的標準，那麼應該把孔子的學說找出幾個特色來。這個不單靠史才，還要很精明的學識，最少要能够全部了解孔子。到底要如何纔能把孔子全部學說的綱領揭出來，我另在儒家哲學上面講過了，這裏從略。今天只講別擇資料的方法，其實作孔子傳的最困難處也在別擇資料。至於組織成文，如何敍時代背景，如何敍孔學來源，如何敍孔門宗派，這無論敍甚麽大學者都是一樣，大概諸君都能知道，現在也不講了。

乙　玄奘傳的做法

凡作一專傳，無論如何，必先擬定著述的目的，製好全篇的綱領，然後跟着做去；一個綱領中，又可分爲若干部。先有綱領，全篇的精神纔可集中到一點，一切資料纔有歸宿的地方。拿幾個綱領去駕馭許多資料，自然感覺繁難；尤其是著偉大人物的傳，事蹟異常的多，和各方面都有關係，作者常常有顧此失彼的苦楚；但是事蹟越多，著作越難，綱領也跟著越需要。

玄奘是一個偉大的人，他的事蹟和關係也異常的複雜，所以作他的傳尤其需要綱領。主要的綱領可定爲二個：

(一)他在中國學術上偉大的貢獻；

(二)他個人留下偉大的疇範。

如何纔能够把這兩綱領都寫出，這又不能不分細目。關於第一個綱領的細目是：

(1)他所做的學問在全國的地位如何，

(2)他以前和同時的學術狀況如何，

(3)他努力工作的經過如何，

(4)他的影響在當時和後世如何。

關於第二個綱領的細目是：

(1)他少年時代的修養和預備如何，

(2)他壯年後實際的活動如何——某時期如何，某一部份如何，

(3)他平常起居狀況，瑣屑言行如何。

像這樣在二個綱領內又分六個細目，把各種資料分別處置，或詳，或略，或增，或減，或細目中又分細目，一定很容易駕馭資料，而且使讀者一目了然。無論作何人的傳，都應該如此。

玄奘是中國第一流學者，決不居第二流以下；但是幾千年來沒有幾個人知道他的偉大，最知

道的只有做聖教序的唐太宗，其次卻輪到做西遊記的人，說來可氣又可笑，士大夫不知玄奘，孺子婦人倒知道有唐三藏！新唐書舊唐書都有方技傳，方技傳都有玄奘傳，但都不過百餘字。方技傳本來就沒有幾個人看，百餘字平平淡淡的玄奘傳更沒有人注意了。

佛教輸入中原以後，禪宗佔領了全部領土十之七，天台宗佔了十之二，剩下的十之一就是各宗合併的總量，不用說，玄奘的法相宗不過這十分之一的幾分之幾了。所以從一般人的眼光看來，玄奘的地位遠在慧能智顗之下。其實我們若用科學精神，誠實的研究佛教，法相宗的創造者是玄奘，翻譯佛教經典最好最多的是玄奘，提倡佛教最用力的是玄奘。中國的佛教，若祇舉一人作代表，我怕除了玄奘，再難找第二個。我們想做一個人的傳，把全部佛教說明，若問那個最方便，我敢說沒有誰在玄奘上面的。如何借玄奘傳說明中國佛教的發達史，就是做玄奘傳的主要目的。

玄奘是中國人，跑到印度去留學。留學印度的，在他以前，不止一個，但是留學生能有最大成功的，一直到今日，不惟空前，而且絕後。他臨回國的前幾年，在印度佛教裏，是第一個大師。他的先生戒賢是世親的大弟子，他又是戒賢的大弟子，繼承衣缽，旁的弟子都趕不上他。——他是中國留學印度的學生中，空前絕後的成功者！

繙譯佛教經典，他以前也並不是沒有人；但一到他手裏，一個人竟譯了一千六百餘卷。而且又還改正了許多前人譯本的錯誤，規定了許多繙譯佛經的條例，在譯學上開了一個新的局面和永久的規模。

教理上，他承受印度佛教的正脈，開中國法相宗的宗派，在世界佛教史，中國佛教史，都佔極重要的位置。——合起上面三種事業來看，他在學術上的貢獻何等偉大？他在學術上的地位何等重要？

關於這幾樣，說明了以後，頭一樣，佛教教理的變遷和發展，從釋伽牟尼到玄奘的經過如何，應該跟著敍述。我們知道，中唐晚唐之間，回回入印度，開學術會，一把無情火把佛教第一二流大師都燒成灰燼，佛教從此衰落。這時上距玄奘回國不過百餘年，可見玄奘留學印度的時候，佛教剛好極盛。所以不但說明中國佛教全體可在他的傳裏，就是印度佛教全體也在他的傳裏說明，也沒有甚麼不可。就退一步說，玄奘傳最少也要簡單敍述佛滅後千餘年，佛教發展和衰落移轉的情形。關於這點，可看玄奘所著異部宗輪論。那書講佛教自佛滅後到大乘之興，分二十宗派。全書組織分二部：一、上座部；二、大衆部。說明佛滅後百餘年，佛門分了這二派，上座部是老輩，大衆部是青年。後來又先後由此二派分出二十小宗派，後來又由此二十小派分出大乘各派。大乘崛起，把原來二十派都認做小乘，精神性質漸漸日見殊異。我們所以能了解當日那種情形，全靠玄奘那部異部宗輪論。自宋元明到清末，一般研究佛教的人都能注意到這點。我們要認眞知道佛教全部變遷的眞相，非從小乘研究大乘的來源不可，所以作玄奘傳，起首應將佛滅以後的各宗派簡單說明。

其次，須說明大乘初起，在印度最有力的有二派：一龍樹，這派稱法性宗；二世親，這派稱法相宗。更須說二派的異同，和小乘又有甚麼分別。像這樣，在簡單敍述小乘二十派之後，略詳細的敍述大乘，然後觀察玄奘在各派中所佔的地位。他是大乘法相宗的大師，須要鄭重的說明；若不說明，不知他的價值。

在這裏頭，可以附帶講玄奘以前各派輸入中國的情形。以前的人雖然不如玄奘的偉大，但若沒有他們，也許沒有玄奘。譬如鳩摩羅什自然是玄奘以前第一偉大的人。他是法性宗，生在玄奘前二百多年那時法相宗纔萌芽，所以他譯了許多主要經典卻沒有譯法相宗的一部；但從他起，中國纔有系統的翻譯，許多主要經典到此時已輸入中國。所以我們把印度佛教流派說明以後，應該另做一章，說明佛教輸入中國的情形，就借此把玄奘以前的譯經事業籠統包括在裏。

說起玄奘以前的譯經事業，最早起於何時，很多異說。據我的考定，實始於東漢桓帝靈帝間，略和馬融鄭玄時代相當。前人相傳，東漢明帝時已有譯經，其實不可信。那時佛教雖早已輸入——西漢哀帝時秦景憲已從大月氏王使者伊存口受浮屠經，東漢明帝時楚王英已齋戒祀佛，——但不過有個人的信仰，而沒有經典的翻譯。桓靈間，安清支讖纔從安息月支來中國，人嚴佛調纔幫助他們翻譯佛經。自此以後，續譯不絕；而所譯多是短篇，雜亂無章，見一種就譯一種，不必一定是名著，不必一定有頭尾；而且譯意的是外國人——或印度，或西域——並不深懂中國文字；筆述的雖是中國人，而未必是學者，最多能通文理而已，對於佛教教理又不很懂：所以有許多譯本都免不了資料的無選擇和意義的有誤解二種毛病。這是漢末三國西晉譯界的普遍現象，雖已譯了許多經典，而沒有得到系統的知識，可以叫他「譯經事業第一期」。

一到第二期便有個鳩摩羅什。鳩摩羅什的父親是印度人，母親是龜茲人，以當時論，固屬外國，以現在論，也可說他一半是中國人。在他那時候，譯經事業已有進步。他雖生長外國，卻能說中國話，讀中國書，詩也做得很好。外國人做中國詩，他是最先第一個。他的文章，富有詞藻；選擇資料，又有系統。論起譯經的卷帙，鳩摩羅什雖不及玄奘；論起譯經的範圍，玄奘卻不及鳩摩羅什。從前沒有譯論的，到鳩摩羅什纔譯幾種很有價值的論；從前大乘在中國不很有人了解，到鳩摩羅什纔確實成立大乘：中國譯經事業，除了玄奘，就輪到了他。

玄奘叫做三藏法師，從前譯書的大師都叫三藏，爲甚麼這樣叫，沒有法子考證。大概三藏的意思和四庫相等，稱某人爲三藏，許是因人很博學。中國的三藏在玄奘以前都是外國人；中國人稱三藏，從玄奘起；以後雖有幾個，實在不太配稱。從鳩摩羅什到玄奘的幾位三藏，卻可大略的敍述幾句，然後落筆到玄奘身上。——說明譯經事業就此停止。

但玄奘以前和同時的中國學術狀況，卻還要敍述一段。教理的研究在鳩摩羅什幾乎沒有一點條理；比較的有專門研究的，是小乘毗曇宗，乃上座部的主要宗派。在鳩摩羅什以後，法性宗——

卽三論宗——大盛。三論宗之名，因鳩氏譯三論而起，三論爲何？中論百論十二門論是。後來又譯了一部大智度論，合稱四論。經的方論，鳩氏又譯了維摩詰小品放光般若妙法蓮華大集。從此，他的門徒大弘龍樹派的大乘教義；一直到現在，三論宗還是很盛。這派專講智慧，和法相宗不同。法相宗從六朝末到隋唐之間。在印度已很興盛，漸漸傳入中國。最主要的攝大乘論已由眞諦譯出，中國法相宗遂起。（法相宗又曰攝論宗，卽由攝大乘論省稱。）只因爲譯本太少，又名詞複雜，意義含糊，讀者多不明白。玄奘生當此時，篤好此派，在國內歷訪論攝宗各大師請教，都不能滿意，所以發願心到印度去問學，而一生事業，遂由此決定。

我們作傳時，應有一節說明玄奘以前的攝論宗大勢如何，有多少大師，有沒有小派，有甚麽意味，有多大價値，纔能够把玄奘出國留學的動機襯出。他出國前曾經受業的先生和曾經旁聽的先輩，固然全部很難考出，但重要的幾個卻很可以考出來。初傳攝論宗到中國來的眞諦，玄奘已不及見了。眞諦的弟子，玄奘見過不少，不可不費些考證工夫，搜出資料來。

現存的大慈恩寺三藏法師傳十卷，凡八萬餘字，是玄奘弟子慧立所做，在古今所有名人譜傳中，價值應推第一。然而我們所以主張要改做別的緣故固然多，就是他只敍玄奘個人切身的事蹟而不敍玄奘以前的佛教狀況，多收玄奘的奏疏，唐太宗高宗的詔旨，而不收玄奘和當時國內大師討論的言辭，也已很令我們不滿意。

我們作傳，在第一章說明玄奘在學術界的貢獻和地位以後，第二章就應當如前數段所論，說明玄奘以前佛教教理的變遷和發展，小乘大乘法性法相的異同，各派輸入中國的先後和盛衰，譯經事業的萌芽和發達，法相宗初入中國的幼稚，玄奘的不安於現狀：像這樣，把玄奘留學的動機，成學的背景，說了一個清楚，然後纔可敍到玄奘傳的本文。到此纔可敍他少時怎樣，出國以前，到了什麼地方，訪了什麼人，說了什麼話，做了什麼事，一切用普通傳記的做法。

自此以下，就進了第三章，要說明玄奘努力工作的經過，在印度如何求學，回中國如何譯經。三藏法師傳很可惜未用日記體，年代很不清楚，要想把玄奘在印度十七年歷年行事嚴格規定，實在很難。然而根據裏面說的，在某處住了若干天，在某路走了若干月，在某寺學了若干年，約略推定，也不是不可能。這節最須特別描寫的就是玄奘亡命出國，萬里孤苦的困難危險，能够寫得越生動越好。

大唐西域記是玄奘親手做的地理書，體例很嚴。若是他曾經到過的地方，就用「至」字或「到」字；若沒到過，就用「有」字。

最可恨的，印度人講學問，對於時間空間的觀念太麻木，所以我們要想從印度書裏窺探玄奘所到的地方和所經的年代實在沒有法子。好在西洋人近來研究印度史和佛教史，發明了許多地圖史蹟，我們很可拿來利用。

三藏法師傳，大唐西域記二書，一面敍玄奘遊學的勤勞堅苦，一面述西域印度的地理歷史，在世界文化上的貢獻極大；一直到現在，不但研究佛教史的人都要借重他，就是研究世界史的人也認爲寶庫。所以我們可以根據這二書，參考西洋人的著作，先把玄奘遊學的路線詳細記載，把佛教在西域印度地理的分佈情形整理出一個系統來，然後下文敍事纔越加明白。

以後一節，須述當時印度佛教形勢。上文第二章已經敍述佛教的變遷和發展，是注重歷史方面的，而對於當時的形情較簡單些。這裏說明佛教形勢，是注重地理方面，對於當時，應該特別詳細。

第一須說明玄奘本師在當時佛教的地位。

玄奘見戒賢時，戒賢已八十九歲了，他說，「我早已知道你來了，忍死等你，」這個故事許是迷信，然亦未嘗不可能。後來戒賢教了玄奘三年，又看他講法二年，到九十五歲才死。無論是否神話，戒賢在當日印度佛教的地位實在最高。

戒賢住持的寺叫那爛陀，那爛陀的歷史和地位也得講清。（後來回教徒坑殺佛教徒也就在這個寺。）義淨的大唐西域求法高僧傳記這寺的內容很詳細。西洋人和日本人考出他的地址，發掘出來，再參考他書，還可證明他的規模很大，分科很細，是印度全國最高的研究院。戒賢當日在裏面是首席教授，最後二年，玄奘也是首席教授。這種史料和中間那幾位大師的史料，西洋文字日本文字比較中國文字多得多。我們須得說明了這段，纔可講玄奘留學時所做的工作。

玄奘自己站在法相宗的範圍內，一生爲法相宗盡力；但毫無黨派觀念，只認法相宗爲最進步的宗派，而不入主出奴，排斥異宗。那時那爛陀是法相宗的大本營，法相宗正在全盛時代，戒賢多年不講法了，這回卻特別爲玄奘開講三年，玄奘精神上感受的深刻，可想而知。但玄奘並不拘泥在一派之內，無論在何異宗任何異教，只要有名師開講座，他都跑去旁聽。大乘各派，小乘各派，乃至外道，他都虛心研究。

那時印度風行一種學術辯論會，很像中國打擂壇。許多闊人，國王，大地主，常常募款做這類事，若是請的大師打勝了，就引爲極榮譽的事，時間長到幾個月。當玄奘在印度最後的幾年，六派外道最佔勢力，勝論大師順世最有名，最厲害，跑到那爛陀來論難，說輸了便砍頭。那時他寺的佛徒給他打敗的已有好許多，所以他特來惹戒賢。戒賢不理他，叫玄奘去跟他論辯，幾個月工夫，駁得順世外道無言可說，只好自己認輸，便要砍頭。玄奘不讓他砍，他便請玄奘收他做奴僕，玄奘不肯，只收他做學生，卻又跟他請教，他又不肯，結果就在晚上談論，幾個月工夫，又給玄奘學清楚了勝論。

像這種精神，玄奘是很豐富的。他是佛教大乘法相宗，不錯；但做學問卻大公無我，什麼都學，所以纔能夠成就他的偉大。他遊印度共費了十九年，他足跡所經有六千萬里：所爲的是甚麼？只爲的求學問。像這幾種地方，我們作傳，應該用重筆寫。

玄奘最後兩三年在印度佛教的地位高極了，闊極了。竟代替了戒賢，當那爛陀寺的首席教授。

有一回，兩國同時請他去講演，甲國要他先去，乙國也要他先去，幾乎要動刀兵了。結果，鳩摩羅王戒日王來調停，都加入就在那兩國邊界上開大會。到會的有十八國王，各國大小乘僧三千餘人，那爛陀寺僧千餘人，婆羅門和尼乾外道二千餘人。設寶牀，請玄奘坐做論主。玄奘講他自己做的眞唯識量頌，稱揚大乘；叫弟子再讀給大衆聽，另外寫一本懸會場外；說若裏邊有一字沒有道理，有人能破的，請斬我的首以謝。這樣，經過十八日，沒有一個人能難。那些地主和聽衆都異常高興，戒日王甚至請玄奘騎象周遊各國，說中國大師沒有人敢打。

除上列各大事外，玄奘在印度還做了許多有價值的事，我們應該多搜材料，好好的安置傳裏。

——這是講在印度工作的話。

他回國以後，全部的生活完全花在宣傳佛教，主要的事業十九都是翻譯佛經。他是貞觀元年出國的，到貞觀十七年纔起程回國，次年到了于闐，途中失了些經典，又費了八月工夫補鈔，到十九年正月二十四日纔到長安，他出國是偷關越境的，很辛苦；回來可十分闊綽。他一到于闐就上書唐太宗，告訴他將回國。剛好唐太宗征高麗去了，西京留守房玄齡派人沿途招待，並且出郊相迎接。太宗聽見玄奘到了京，特地回來，和他在洛陽見面。他從二月六日起，就從事翻譯佛經，一直到龍朔三年十月止，沒有一天休息。開首四年住長安弘福寺；以後八年住長安慈恩寺；以後一年陪唐高宗住洛陽，住積翠宮；以後二年住長安西明寺；最後五年住長安玉華宮。二十年之久，譯了七十三部，一千三百三十卷佛經。一直到臨死前二十七天纔擱筆。前四五年因爲太宗常常要和他見面，還不免有耽擱的時間；自太宗死後，專務翻譯，沒有寸陰抛棄。每日自立功課，若白天有事做不完，必做到夜深纔停筆。譯經完了，復禮佛行道，至三更就寢，五更復起，早晨讀梵本，用朱筆點次第，想定要譯的十幾個學生坐在他面前筆記，他用口授，學生照樣寫，略修改，即成文章。食齋以後，黃昏時候，都講新經論，並解答諸州縣學僧來問的疑義。因爲主持寺事，許多僧務又常要吩咐寺僧做，皇宮內使又常來請派僧營功德，所以白天很麻煩。一到晚上，寺內弟子百餘人咸請受誡，盈廡滿廊，一一應答處分，沒有遺漏一個。雖然萬事輻輳，而玄奘的神氣常綽綽然無所壅滯。——像這樣一天一天的下去，二十年如一日，一直到他死前二十七日纔停止。這種孜孜不倦，死而後已的工作情形，傳裏應該詳細敍述。

玄奘一生的成功就因最後二十年的努力。若是別人既已辛苦了十九年，留學歸國，學成名立，何必再辛苦？他卻不然；回國的第二十七天就開始譯經，到臨死前二十七天纔停筆；一面自己手譯，一面培植人才，不到幾年就有若干弟子聽他的口授筆記成文；卒至有這偉大的成績。自古至今，不但中國人譯外國書沒有誰比他多，比他好，就是拿全世界人來比較，譯書最多的恐怕也沒有人在他之上。所以我們對於這點，尤其要注意。最好是做一個表，將各經的翻譯年月，初譯，或再譯，所屬宗派，著者姓氏，年代，卷數，品數，等等，一一詳明標列，這樣纔可以見玄奘所貢獻給學術界的總成績。

這個表要有二種分類排列法，一種是依書的外表分列，一種是依書的內容分列。前者可分創譯，補譯，重譯三類，創譯是從前未譯過的，補譯是從前未譯完的，重譯是從前譯得不好的。後者可分七類：一、法相宗的書，創譯的很多，重譯的也不少。二、法性宗的書，如大般若波羅密多經，鳩摩羅什也曾譯過，但不完全，所以玄奘重譯全部，共有六百卷之多。三、其他大乘各宗的書，如攝大乘論，從前也有人譯過，但沒有他的詳，沒有他的精確。四、小乘各宗的書，又可分二目：甲、上座部的，如阿毗達磨大毗婆沙論二百卷；乙、大衆部的，如阿毗達磨俱舍論，阿毗達磨正理論。五、講宗派源流的書，如異部宗輪論。六、講學問工具的書，如因明入正理論，因明正理門論，本是最初介紹論理學的傑作。七、外道的書，如勝宗十句義論，是印度外道哲學書最要的一部。像這樣分類列表，既令人知道玄奘貢獻之偉大，又可令人知道他信仰法相宗是一事，翻譯佛經又是一事，他做學問很公平忠實，不僅譯本宗書。這點無私的精神也要用心寫出。

譯書若單靠他一手之力，自然沒有這麽大的成績。他在數年之內養成好許多人才，又定好重要規則，譯好專門名詞，說明方法利弊，使得弟子們有所準繩，這點不能不詳細研究他。周敦義翻譯名義序引了玄奘的五不翻論，可知玄奘像這類的言論一定不少。他的弟子受了他的訓練，所以能在他的指揮下共同譯出這麽多書來。這點也須在本章最末一節說個清楚——這以上是講玄奘努力工作的經過，是第三章。

到第四章，應該說明玄奘在當時及後世的影響，他是不大著書的：成唯識論是法相宗的寶典，雖經玄奘加上許多主張，等於自著，但名義上還是翻譯的；他在印度時用梵文著了會宗論三千頌和眞唯識量頌，確是自己創造的，而爲量已少，而且會宗論還沒有譯成國文；他另外著了大唐西域記十二卷：但沒有佛教教理主張。爲甚麽他不太著書？我們想，大概因爲佛經的輸入比較自己發表意見還要重要，所以他不願著書。

那麼，他的學問的成就怎樣呢？我們知道他不僅是一個翻譯家而已，他在印度最後幾年的地位已經佔最高座，學問的造詣當然也到了最高處。但是他沒有充分的遺著供我們的探討，如何能見他學問的眞相呢？沒有法子，只好在學生身上想法子。

他最後十五年是沒有一天離講座的，受他訓練的學生不下數千人；得意門生也有好些。像淸儒王伯申的經義述聞引述他父親的學說，我們儘可以從王伯申去看王懷祖的學問。玄奘的得意門生如窺基圓測等的著作自然很不少玄奘的主張在內，我們儘可以從這裏面探討玄奘的學問。窺基圓測的書經唐武宗毀佛法，焚佛書以後，在中國已沒有，幸虧流傳到日本去了，最近二三十年纔由日本輸入窺基做的成唯識論續記。

窺基是尉遲敬德的兒子，十二歲的時候，玄奘一見就賞識他，要收他做門徒。那時唐帝尊尙佛教，玄奘又享大名，窺基家人當然很願意，窺基自己可不肯。玄奘又非要不可，經過多次的交涉，允許他的要求，將來可以娶婦吃肉喝酒。後來窺基跟了玄奘多少年，雖未娶婦，卻天天吃肉喝酒。但是玄奘許多弟子，他卻是第一名。唯識宗的就是他創造的，是法相宗二大派之一。後來這派極盛。道宣續高僧傳，說圓測並非玄奘的學生，不過在末席偷聽而已，並沒有甚麼了不得。在圓測的書未發現以前，看去似果眞和玄奘不相干。近來日本人修續藏，找他的書，找出來了，傳到中國纔知道在法相宗是佔有很重要的位置，並不和唯識宗所說的話一樣。

所以玄奘傳下的二大派，我們應該徹底研究，其同點何在，其異點何在，都要弄清，弄清了，玄奘的學說也可跟著明白。而且因此不惟說明玄奘的學說，就是玄奘的影響也很清楚。玄奘的影響清楚，也就是法相宗的大勢連帶清楚。此後順便可以講些法相宗流入日本的歷史，一直敍到現在，筆法也很清順。

最後，凡是玄奘的門生和門生的門生，尤其是當時襄助玄奘譯書的人，須用心考出，做成一個詳細的表；其中有事業可稱的，可以給他做篇小傳。

——從此以上，是講玄奘傳第一個綱領下的第四細目，也就是第四章。我上文不是講過有二個綱領嗎？那第二個綱領還有三個細目應該敍在甚麼地方呢？這早插在前面四章裏了。當做傳時，心中常常要記著這二個綱領，一面要敍述玄奘在中國學術上偉大的貢獻，一面同時要敍述玄奘個人留下偉大的疇範，不可前注意前者，忽略了後者。我這種做法，是以前項綱領爲經，以後項綱領爲緯，後者插入前者裏面隨時點綴，不必使人看出針迹縫痕，纔稱妙手。多年欲做玄奘專傳，現在大概的講些我的做法來，將來或者能有成功的一天，給學者做個參考。

分論二 文物的專史

第一章 文物專史總說

文物專史是專史中最重要的部分，包括政教典章，社會生活，學術文化，種種情況，做起來實在不容易。據我個人的見解，這不是能拿斷代體來做的；要想滿足讀者的要求，最好是把人生的活動事項縱剖，依其性質，分類敍述。本來，根據以前的活動狀況，以定今後活動的趨向，是人生最切要的要求，也是史家最重大的責任，所以對於各種活動的過去眞相和相互的關係，非徹底的求得不可；否則影響到今後活動，常生惡果。我們知道，人類活動是沒有休止的，從有人類到今日，所有的一切活動，都有前後因緣的關係。倘使作史的時候，把他一段一段的橫截；或更依政治上的朝代分期，略說幾句於實際政治史之後：那麼，做出來的史，一定很糟。這種史也許名爲文化史，文物史，其實完全是冒牌的。從前的正史裏，書志一門，也是記載文物的，但多呆板而不活躍，有定制而無動情；而且一朝一史，毫無聯絡，使讀者不能明瞭前後因緣的關係。所以這種斷代體和近似斷代體的文物史都不能貫徹「供現代人活動資鑑」的目的。我們做文物專史，非縱剖的分為多數的專史不可。

我以為人生活動的基本事項，可分三大類，就是政治經濟文化三者；現在做文物的專史，也就拿這三者分類：這是很近乎科學的分法。因為人類社會的成立，這三者是最主要的要素。拿人的生理來譬喻罷：有骨幹纔能支持生存，有血液纔能滋養，發育，有腦髓神經纔能活動，思想；三者若缺少其一，任何人都不能生活。一個人的身體如此，許多人的社會又何嘗不然？拿來比較，個人的骨幹等於社會的政治，個人的血液等於社會的經濟，個人的腦髓神經等於社會的文化學術，一點兒也不差異。現在就先把這三種文物專史所應分別包括的事項略微講講：

第一是社會骨幹之部，就是政治之部。這所謂政治，是廣義的。從原始社會如何組織起，到如何形成國家，乃至國家統治權如何運用，如何分化，都是。若以性質分，則軍政，民政，財政，法政，外交，都可溯古至今的敍述。若以部位分，則地方，中央，又可詳細的劃開。譬如一個人的骨幹，以性質分，有做支持身體用的，有做行走用的，有做取攜用的，有做保護用的；以部位分，曰頭骨，曰脊骨，曰腿骨，骨曰臀骨分開來雖有千百，合起來仍是一套。政治的組織也是如此，所以國家社會纔能成立。

第二是社會血脈之部，就是經濟之部。一個人非有物質生活不可——衣食住缺一，不可生存。社會亦然。若受經濟的壓迫，必衰退下去，或變成病態，或竟驟然銷滅。一部分的經濟不充裕，一部分社會危險；全世界的經濟不充裕，全世界社會危險。就譬如一個人患了貧血症，一定精神痿弱，不久人世；若一滴血都沒有了，那還成個人嗎？經濟是社會的營養料，也是社會的一要素。

第三是社會神經之部，就是文化之部。人所以能組織社會，所以能自別於禽獸，就是因爲有精神的生活，或叫狹義的文化。文化這個名詞有廣義狹義二種：廣義的包括政治經濟，狹義的僅指語言文字宗教文學美術科學史學哲學而言。狹義的文化尤其是人生活動的要項。

人生活動不外這三種。說句題外的話，據我看，理想的國家政治組織，許要拿這個標準分類。將來一個國家許有三個國會：一是政治會，一是經濟會，一是文化會。歐戰後，法國設過經濟會議，教育會議，和政治上的國會幾乎鼎立。國會原來只代表骨幹的一部分，非加上代表血液，神經的不行。今後學問日見專門，有許多問題不是政治家所能解決的，所以國會須有經濟會文化會輔助，纔可使國家組織完善。

文物史也是一樣，非劃分政治經濟文化三部而互相聯絡不可。所以文物的專史包括：

(一)政治專史

(二)經濟專史

(三)文化專史

三大類，各大類中又可分許多小類，其分法在下文講。

第二章　政治專史及其做法

政治專史最初應該從何處研究起？最初應該研究民族。中國人到底有多少民族？中國人的成分爲何？各民族中，那一族做台柱？最初各民族的狀況如何？從最初到黃帝時，各民族的變化如何？商周兩民族的來歷如何？周代的蠻夷戎狄有多少種？後來如何漸漸形成骨幹民族？如何漸漸吸收環境民族？當沒有混合時，其各自發展的情形如何？何時接觸？何時同化？自從本民族的最初發源起，慢慢的，匈奴鮮卑契丹女眞蒙古圖爾特逐漸發生交涉，以至於今日。這都應該詳細劃分，各作專篇，組織成一部民族史。那麼，中國人對於中國民族的觀念格外清楚了。

第二步就應該研究國土。展開中華民國的地圖一看，知道我們這一羣人生活在這裏面。但我們的各祖宗最初根據什麼地方呢？何時如何擴充？何時又如何退縮？何時如何分裂爲幾國？何時又被外來民族統治？何地最先開發？何地至今猶帶半獨立性？這都要先了解，做成專史，纔可確定政治史的範圍。

第三步就要研究時代。關於時代的劃分，須用特別的眼光。我們要特別注意政治的轉變，從而劃分時代，不可以一姓興亡而劃分時代。從前的歷史借上古，中古，近古，或漢朝，唐朝，宋朝來橫截時間，那是不得已的辦法。我們須確見全民族政治有強烈轉變，如封建變爲郡縣，閉關變爲開放之類，纔可區別爲二，深入的個別的，研究各個時代的歷史。

第四步還要研究家族和階級。以普通理論講，個個人都是社會的分子，社會是總體，個人是單位。這許是好理想，但事實上不能如此。以一個人做單位，想在社會總體裏做出事業來，古今中外都不可能。總體之中，一定還有許多小的分體，那些分體纔是總體的骨幹。一個人不過是一個細胞，對國家爲國民，對家族爲家人，對市村爲市民，爲村民，對學校爲學生，爲教員，對階級爲士，爲商，必加入各小團體，以爲基礎，纔能在大團體中活動。家族，無論何種社會都看得很重，是間接組織國家的重要成分。在中國，一直到現在，還有許多人，與其叫他國家的國民，不如叫他家族的家人；因爲他是對家族負責的。所以家族如何形成，如何變遷，如何發展，都得研究。階級，亦無論那個社會都免不了；許多個人都由階級間接參加國家。中國人消滅階級比較的早，而對於家族，非常的擁護。西洋人不然，家族的關係很薄，階級的競爭漸濃。中國的階級在國家雖不重要，但不能說無關係。所以爲了解社會的基礎起見，非特別研究家族史，階級史不可。

此外，有些西洋有，中國沒有的。如西亞細亞，教會的組織，比家族還重要，在中國卻不成問題。中國史和西洋史不同之點，卽在這種地方。

——以上五步的研究，是做政治史的第一部分。因爲政治就是社會的組織，社會組織的基礎就是上述民族，國土，時代，家族，階級等。把基礎研究清楚，纔可講制度的變遷。

所以政治專史的第二部分就是講政治上制度的變遷。這種應當從部落時代敍起。遠古有無部落？如何變成宗法社會？如何變成多國分爭？如何變成君主統一？統一以後，如何仍舊保留分立形式？如何從封建到郡縣？郡縣制度之下，如何變成藩鎮專橫？如何又變成各地自治？君主制度又如何變成民主？這種由分而合，由合而分，經過幾次？分合的含質如何？分合的同異何在？這麼大的國家，如何劃分中央與地方的權限？歷史上的趨勢，一時代一時代不同，須得分部去研究。

其次又要研究中央政權如何變遷。某時代是貴族專制的政體，某時代是君主專制的政體？某時代對於中央政府如何組織？各種政權如何分配？中央重要行政有多少類，每類有如何的發展？這種中央的政治組織和中央權力的所在，須分類研究其變遷，詳述其眞相。如司法財政外交民政等。——這是政治專史的第二部分。

第三部分是講政權的運用。上文講的是政治組織上的形式；其實無論何時，和實際運用都不能相同。譬如中華民國約法，現在似乎仍舊有效。但具文的約法和實際的政治，表面和骨子，相差不知幾千萬里。若從政府公報看，中央政府似乎很強有力，吳佩孚張作霖亦得禀命中央。如打破了南口，許多威字將軍，都是由吳張上呈文，由內閣發表。事實上，骨子裏何嘗如此？一切大權都不在內閣，吳張上呈文亦等於一紙命令。這不但我國此時如此，無論何時何國，實際上的政治和制度上的政治都不能相同。不過不同的距離，各有遠近就是。譬如英國國會，組織既很完善，威力既很偉大，又號稱代表全國民意，可謂憲政的模範；但實際上只由少數資本家把持，用以壟斷全國利權，何嘗能代表多數民意？表面上，政府的法令都經國會通過，很合憲法；資本家卻借國會以取權利，這是憲法所不能禁止的。意大利的棒喝團，俄羅斯的蘇維埃，也是如此。表面上的組織是一回事，運用起來又是一回事。所以研究政治史的人，一面講政治的組織，表面上形式如此如彼，一面尤其要注意骨子裏政治的活用和具文的組織發生了多大的距離。譬如漢朝中央政治，依原定組織，天子之下，丞相行政，御史執法，太尉掌兵，全國大政，都出自三公。但自武帝以後，大政的權柄漸漸移到尙書省；尙書省在法律上是沒有根據的，裏面都是皇帝私人。後來的三公，非錄尙書事，不能參與政治，事實竟變成無形的法定制度。後來漢朝的政權，不惟在尙書省，外戚宦官都非常的把持，也是自然的結果。宦官運用政治，法律上尤其沒有根據，然無人能阻其不握政權。還有大學生，學會，有時也能左右政治，但在法律上亦看不見。所以某時代政治的運用變到某部分人手上，其變遷之狀況何如，事實何如？都得詳細研究。關於這類，近來政黨的發生，亦可附入。——這是政治專史的第三部分。

研究政治史根據此分類標準，分了又分，務求清楚。我打算編一個目錄，使得做政治史的人有個標準；至於詳細的做法，現在不能講了。

第三章　經濟專史及其做法

經濟事項，譬如人生的血液。我們做經濟專史，可以因人類經濟行為的發生次第，來做分類的標準。人類為什麼有經濟行為？因為有消費。人類起於消費，因消費而須生產。生產的種別不同，所以又須交易。生產的結果，須分給多少部分的人，所以分配的問題又起。愈到近代，在經濟行為上，分配愈佔重要地位。古代最初的人類行為，分配問題，卻不大發生。所以做起歷史來，要講清前三部分，纔可講分配。中國經濟史，最重要的是消費和生產，其次是交易，最末纔是分配。現在依此次序講。

消費方面可分食衣住三項。要做一個民族的經濟史，看他自開化以來的食衣住如何變遷，最為重要。但做歷史再沒有比這個困難的，因為資料極其缺乏。

食的方面：到底我們這個民族普通食品是甚麼東西？某種從外來？某種生產於某處？那一種佔重要地位？某時代某種佔重要地位？一個民族幾千年的食飯問題實在要緊，但研究起來也實在困難。因為歷史的資料不外紙片上的紀載和殘留的實物，殘留的實物多由地下發現，食品卻不能保存；紙片上的資料固然不可看輕，但無論何國的歷史，都是政治的資料多，社會經濟的資料少；尤其是中國。這個難題，我私度沒有多大把握。因為紙片上的資料很少，實物根本沒有，又不能靠採掘。但是，雖然困難，亦不能不想方法。我想不單是食，凡關於經濟事項，若研究其歷史，不能不和政治史文化史脫離而另取一方向。做文化史政治史，多由古及今；做經濟史，當由今及古。近代一二百年的經濟變遷，用心訪問，還能整理成一個系統。將現代所見和近代銜接，再一樣一樣的追尋根源，追到何時就講到何時。即如食米麵，大概言之，北方多食麵，南方多食米，倒追上去，還可以看着這種痕跡，還可知北方何時始食麵，南方何時始食米。關於經濟項下，此原則不能不採用，即「跟現存的追上去」。食的問題，諸食品中，何者原有，何者後入，乃至植物的栽培，動物的豢養，都可以從現在起，倒數上去。

此法雖不能用得圓滿結果，但非絕無路走。其中有些可以特別研究的，如米的應用及保存分配的方法。應用方面古代不單拿來食而且用作貨幣。讀管子，可知米是金融中很重要的物品。甚麼時候完全是金融的要素？甚麼時候完全把交易媒介的性質除去？研究起來，倒很有趣味。還有，禁米出口的政策現在還有討論的餘地。關於米的支配，幾千年來，不同旁的一樣。旁的可以自由交易，米是民食所寄，政府地方社會對於米都有特別的制裁，支配管理都有殊異的方法，這也很有趣。所以食品史應有專篇講幾千年來管理支配的方法如何？這倒不難，可從紙片上得資料。從現在看起，追尋上去，看二千年來何如。又如鹽，也是消費要素之一，在中國史上的資料比較的很充足。自漢唐以來，鹽在財政上佔極主要的地位。再溯上去，管子是戰國的書，已說春秋戰國時已有特別管理和支配鹽的方法。所以做中國吃飯史，全部做的如何，很難講；但很應該做，而且最少有若干問題有相當的資料，可以做得好。倘使研究一項，打開了一條活路；別項也得用同樣的方法，追尋上去。

衣的方面：或者做起史來較容易些，因爲保存下來的東西比較的多。如在日本考中國的服飾，可以追到唐朝，有名的博物院中還有唐朝以下的實物。這因實物保存，所以比較的容易研究。但衣的方面，特別的問題很多，最須分類研究。如絲是中國可以自豪的，發明最早。但到甚麼時候纔有？最近李濟之先生在山西夏縣西陰村發現半個蠶繭，假使地層的部位不錯，那麼中國在石器時代已有絲了。其次如麻，也是中國的特產，須特別研究。又其次如棉花，自唐以後，輸入中國，證據很多。但到底是從南洋來抑從西域來？各說都有根據，我們如何取決？棉布又起自何時？是自己發明的還是從外國輸入的？假使是輸入的，又從何國輸入？這個專題可得有趣的發明。還有，中國未有棉花以前是用甚麼東西？近代的麻和古代的麻同類否？有多少種？從有絲到織呢絨綢緞，是自己發明的不是？問題眞多，資料也不是沒有，只等我們去研究。

住的方面：宮室建築，拿現代所有做基本，推上去，也很可以。不過中國每經喪亂，毀滅無餘。近如圓明園給英法聯軍一把火燒得乾乾淨淨，只剩了一個景福門和照壁圍牆，最近幾個月，也給軍閥拆去了。自古至今多少偉大的建築，給那般暴徒毀去，以致今日研究起來實在困難。祗求紙片上的紀載，又很難得圓滿的結果。但除了力求古蹟以外，紙片也不是絕對沒有貢獻。其中的特別問題也很多，如衣食事項一樣。如城郭，許是中國特有的文化，最少也是亞洲民族特有的，而且是中國人所發明。史記匈奴傳，漢書西域傳，以城郭的有無爲開化半開化民族的符號。中國所謂城郭和歐洲中世所講堡壘不同。堡壘似碉樓，是少數君主，貴族，專保自己財產用的。城郭不專爲一人，不專爲統治者的安全，而爲保護一般人民的利益而設。大概古代人民，春秋散在田野；冬日把所有的收穫品聚在一處，初爲牆，後爲城郭，以防禦外來的強盜和外族的掠奪。這種城郭的發明，從何時起？殷墟文字裏有多少城郭？殷朝西周何如？春秋時代，見於紀載的很多，可見已是一件很重要的事。後來竟變成文明人的標誌。假如我們證實了城郭是中國民族的特別發明，可以追尋到古代，看某時某地有古城痕跡或紀載，就可知中國文化此時已到此地。最古，長城以外，沒有城郭，西域各國，或有或沒有。由此可見中國民族勢力的消長。研究起來，雖很困難，但並不是沒有路子，雖不能全部研究，但抽出若干種，比較的資料易得的，可以得許多成績。此外的特別問題也不止一種，不能多講。

食衣住三者的史料，除了紀載和實物以外，還有特別史料，是我們所能得，外人所不能得的。中國文字，象形，指事，會意諸種，研究起來，有許多可以發見有史以前的生活狀態，其中乃至心理的狀態也可以看出一部分。如內字表示穴居，以人入洞，和以人入門的閃字不同。如宮字表示兩進的房子，到現在還適用，到歐洲可不適用的。如家字表示以物覆豕，是家的所在，可知古人由漁獵時代變成畜牧時代的時候，以豕爲食物而始有固定的家。又如吉凶的凶字，表示設陷阱以捉野獸，野獸落到裏面的樣子。原來只有這種意義，後來纔用爲不利的意義。像這類在古文字上研究以求古代人類衣食住的狀況，常有許多意外的收穫。這種收穫品是紀載上實物上所沒有而文字中有的。假如小學家有社會學的根柢，很可以得奇異的發明。所以衣食住的專史，誠然難做，但不是絕對不可做，機會正多的很。

進一步到生產方面：生產的種類，分別爲漁獵，畜牧，農耕，礦業，家庭手工業和現代工業，每一種須一專史，中間看那一種最發達，歷史也跟著詳細一點。

中國農業最發達而最長久，資料也很多，非給他做一部好歷史不可。農業，農器，農產物的歷史，都應該做。最主要的，尤其是田制。一直到現在，仍是最主要的問題。幾千年來的政治家很用心去規定這種制度，許多學者也有很周密精詳的主張，或已實行，或未試辦。我們研究田制的變遷，有許多資料可供使用；只有肯去找，詳審的選擇敍述，可以得很有價值的歷史。這不單是考古而已，或者有些學者或政治家所建議而未實行的制度，我們把他全錄或摘抄下來，可以供現代的資鑑，而愈可以成爲有價值的著作。

漁獵，畜牧，最初的社會已經有了，一直到現在，還是很重要的生產事業。礦業，到周代也已發明，已利用，到今日變成多種生產事業的發動力；假使沒有礦業，多種生產事業都得停頓。所以我們做史，應該分別，一部一部的，各自著成一書。

家庭手工業在機械工業未輸入以前的狀況如何？原來的機械工業在新式的機械工業未輸入以前的狀況如何？自機械工業輸入中國以後到現在有如何的發展，有無新的發明？這種資料，東鱗西爪的，研究時要很費精神去尋找。

此外和生產事業極有關係的有三種：就是水利，交通，商業，不能不做專史。

歷代以來，中國人對於消極的防水患，積極的興水利，都極注意。如資治通鑑，每朝末葉，水患特別的多，前人以爲天災流行，其實則毫不足怪。新興之朝，所以沒有水患，只因當時上下對於修堤濬河的工作很用財力人工，可以征服自然。如清代河道總督，號稱肥缺，有很充足的公款可供中飽；但一發現有舞弊情形或一遇河堤決口，馬上就要拏去砍頭，所以無論怎樣貪婪的河道總督總得用心修理河道，所以清代水患比較的少。到了民國，一切的收入都跑進兵隊和兵工廠和軍閥的姨太太身上了，誰來理這閑事？所以不講別的，就是永定河就每年總有好幾次發生危險。關於這類水利問題，歷代工作的情形怎樣，都得做成專史。

交通在現在以鐵路河海航線電線最重要，汽車道也有人注意。這些事業，幾時才輸入中國？近來發達的情形如何？都是應該入史的。還有，古代沒有這些東西，卻有驛道驛使做中央統制地方的利器，所以對於驛的制度很完善。驛道的路線，歷代不同，逐代加增。研究的結果還可勉強畫出地圖來。驛道的管理法，驛使的多少，也得研究清楚。這類資料，倒也不少。我們可以從上古初闢草萊起，漸有舟車，漸有驛道，運河，海運，鐵道，航線，電線，汽車道，乃至飛機，無線電，電話，都一一做成歷史，分之各為專篇，合之聯成交通專史。

商業自春秋戰國以後日見發達，以前也並非沒有。我們須研究人類最初交易的情形如何？何以由物與物互易而變成物與幣互易？春秋戰國對外的貿易何如？歷代對於商人的待遇何如？漢唐對於邊界互市的狀況何如？一直到現在與全球通商的經濟戰爭情況如何？其中如貨幣的變遷尤其要特別的研究。關於貨幣的理論，如每值幣制紊亂，講求修正改革的奏疏之類，價值很高，是要收入貨幣史的。或者包括各種事實成一部商業史，或者分別作各種專史，都無不可。

上面交通和商業二種都屬於交易方面，就是經濟事項的第三種。再進一步，就要說到分配了。（名達按：當日因時間來不及，未講分配。）

——關於經濟專史的分類，似乎不太科學的；不過稍微舉個例，大概的講一講。近人關於貨幣，田制的著述，倒有一點，但都還得補正。此外各史，許多人未曾做，或認爲不好做的，也未嘗不可以設法研究。這在我們的努力。

第四章　文化專史及其做法

狹義的文化譬如人體的精神，可依精神系發展的次第以求分類的方法。文化是人類思想的結晶。思想的發表，最初靠語言，次靠神話，又次纔靠文字。思想的表現有宗教，哲學，史學，科學，文學，美

術等。我們可一件一件的講下去

分開。

甲 語言史

在西洋言文一致，在中國文字固定，語言變化，兩不相同。所以研究中國文化，要把文字同語言分開。

離開文字的語言已成過去，在固定的文字下研究變化的語言，異常困難；但並不是絕無資料。西漢末揚雄已經很注意這部分，新近學者研究語言的發展很快。我們的同學中有研究中國語言史者，起初我們以爲很困難，現在已證明有路可走。看韻文的變化常可得着具體的原則。即如廣東話，在中國自成一系。鄉先生陳蘭甫著廣東音學，發明了廣東話和旁的話不同的原則。近來趙元任先生研究現代語言，在聲音方面也很有心得。文法方面，自漢以後，宋人平話未發生以前因士人作文喜用古時筆調成爲固定的，不肯參用俗調；通俗的白話又不曾在紙片上保存：所以現在很難考出。但我們從很缺乏的資料中跟著上去，也非絕對不能做史。宋元以後，平話小說戲曲先後繼起，語言的變化就漸漸可考了。

乙　文字史

清代以來，小學家根據說文，把文字劃出一個時代來研究，成績很高。後來甲骨文發現，文字學上起了很大的變化。國內唯一的大師，王靜安先生，研究得很好，我們希望努力下去，可以得文字的最初狀況。再由古及今，把歷代的文字變遷都研究清楚，可以做成中國文字史。

丙　神話史

語言文字之後，發表思想的工具，最重要的是神話。由民間無意識中漸漸發生某神話，到某時代斷絕了。到某時代，新的神話又發生，和神話相連的是禮俗。神話和禮俗合起來講，系統的思想可以看得出來。歐洲方面，研究神話的很多。中國人對於神話有二種態度：一種把神話與歷史合在一起，以致歷史很不正確。一種因爲神話擾亂歷史眞相，便加以排斥。前者不足責；後者若從歷史著眼是對的，但不能完全排斥，應另換一方面，專門研究。最近北京大學研究所研究孟姜女的故事，成績很好，但範圍很窄，應該大規模的去研究一切神話。其在古代，可以年代分；在近代，可以地方分，或以性質分。有種神話竟變成一種地方風俗，我們可以看出此時此地的社會心理。

有許多神話夾在紀眞事的書裏。如山海經，若拿來作地理研究，固然很危險；若拿來作神話研究，追求出所以發生的原因來，亦可以得心理表現的資料。如緯書，從盤古伏羲神農軒轅以來的事情很多，又包含許多古代對於宇宙的起源和人類社會的發生的解釋。我們研究古人的宇宙觀，人生觀，和古代社會心理，與其靠易經，還不如靠緯書和古代說部如山海經之類，或者可以得到眞相。又如金縢夾在二十八篇眞尚書中，所述的事非常離奇。那些反風起禾的故事，當時人當然相信；如不相信，必不記下來。我們雖不必相信歷史上眞有這類事，但當時社會心理確是如此。又如左傳裏有許多災怪離奇的話，當然不能相信，但春秋時代的社會心理大概如此。

又如佚周書在歷史上的價值如何，各人看法不同；其中紀載殺多少人，虜多少人，捕獸多少，我們不能相信。孟子說，「仁者之師無敵於天下，……如之何其血流漂杵也？……吾於武成，取其二三策而已。」事實固然未必全屬眞相，但戰爭的結果當然很殘忍，這點可認爲事實；又看當時所得猛獸之多，參以孟子別篇所謂「周公兼夷狄驅猛獸而天下寧」，可知當時猛獸充斥於天下。這種近於神話的誇大語，也自有他的歷史背景。我們因他誇大某事，可相信當時實有某事，但不必相信他的數目和情形。

神話不止一個民族有，各族各有其相傳的神話。那些神話互相征服同化，有些很難分別誰是誰族的。我們應當推定那一種神話屬於那一種民族或那一個地方。如苗族古代和中原民族競爭很烈，苗族神話古代也特別多，我們若求出幾個原則，把苗族神話歸納出來，倒很可知道苗族曾經有過的事項風俗和社會心理。苗族史雖不好研究，而苗族神話史卻很可以研究出來。

後代一地方有一地方的神話。荆楚歲時記和這類文集筆記方志所講的各地風俗和過節時所有的娛樂若全部搜出來做一種研究，資料實在多。如蘇東坡記四川的過節，范石湖記吳郡的過節，若分別研究，可以了解各地方心理和當時風俗，實在有趣。

中國的過節實在別有風味，若考究他的來源，尤其有趣味。常常有一種本來不過一地方的風俗，後來竟風行全國。如寒食是春秋晉人追悼介之推的紀念日，最初祇在山西，後來全國都通行了，乃至南洋美洲華人所至之地都通行。可是現在十幾年來，我們又不大實行。又如端午，初起只在湖南，競渡最多也不過湖北，後來竟推行到全國。又如七夕，詩經有「宛彼牽牛」之句，牽牛與織女無涉。古詩十九首有「迢迢牽牛星，皎皎河漢女，盈盈一水間，脈脈不得語。」成爲男女相悅了。後來竟因此生出七夕乞巧的節來。最初不過一地的風俗，現在全國都普遍了。這類的節，雖然不是科學的，卻自然而然表示他十分的美。本來清明踏青，重陽登高，已恰合自然界的美，再加上些神話，尤其格外美。又如唐宋兩代，正月十五晚，皇帝親身出來湊熱鬧，與民同樂。又如端午競渡，萬人空巷。所以，最少，中國的節，都含有充分的美術性；中國人過節，帶有娛樂性。如燈節，三月三，端午，七夕，中秋，重陽，過年，都是公共娛樂的時候。我們都拿來研究，既看他的來源如何，又看他如何傳播各地，某地對於某節特別有趣，某時代對於某節尤其熱鬧，何地通行最久，各地人民對於各節的意想如何，爲甚麼能通行，能永久。這樣極端的求得其眞相，又推得其所以然，整理很易得的資料，參用很科學的分類，做出一部神話同風俗史來，可以有很大的價值。

丁　宗教史

在中國著宗教史——純粹的宗教史——有無可能，尙是問題。宗教史裏邊，教義是一部分，教會的變遷是一部分。教義是要超現實世界的，或講天堂，或講死後的靈魂，無論那一宗教都不離此二條件。其次宗教必有教會；沒有教會的組織，就沒有宗教的性質存在。根據這兩點來看，中國是否有宗教的國家大可研究。近來推尊孔子的人想把孔子做宗教，康南海先生就有這種意思，認孔子和外國人的宗教一樣去研究。一般攻擊孔子的人又以爲孔子這種宗教是不好的，如吳稚暉先生和胡適之先生。其實兩種看法都失了孔子的眞相。第一點，可以說宗教利用人類曖昧不清楚的情感，纔能成功，和理性是不相容的，所以超現實超現在。孔子全不如此，全在理性方面專從現在現實著想，和宗教原質全不相容。第二點，教會，孔子以後的儒家是沒有的，現在有的是冒牌。

再看孔子以外的各家：關於第一點。道家，老子莊子雖有許多高妙的話，像是超現實超現在，而實質上是現實的現在的應用，道家實在不含宗教性。比較的古代思想只有墨家略帶宗教性，講天志，講明鬼，稍有超現實的傾向，但仍是現實的應用。墨家並未講死後可以到天堂，亦未講死後可以做許多事業，不過講在現實的幾十年中好好的敬天，做好事，天自然會賜以幸福：所以墨家仍不能認爲宗教。關於第二點，道家也沒有教會。墨家有鉅子，頗像羅馬的教皇，未能明瞭他如何產生，雖然當戰國時代，許有百餘年曾有過教會的組織，但後來消滅了。現在留存的材料極少，除了講鉅子的幾條以外，別無可找。

中國土產裏既沒有宗教，那麼，著中國宗教史，主要的部分，只是外來的宗教了。外來宗教是佛教，摩尼教，基督教，最初的景教，後來的耶穌教，天主教等。主要的材料，純粹是外來的宗教著作，都是死的，無大精彩。只有佛教有許多很有精彩的書，但應該擺在哲學史裏，抑宗教史裏，還是問題。爲著述方便起見，擺在哲學史更好；因爲佛教的理性很強，而且中國所感受哲學方面爲多。佛教到中國以後，多少派別，當然應該擺在哲學史，因爲六朝隋唐一段的哲學史全靠佛教思想做中堅。其中純粹帶宗教性而且很強的只有淨土宗，但也很難講。又佛教的禪宗，勉強可以說是中國自創的一派，然很近哲學，到底應認爲教派，抑應認爲學派，又是問題。據我看，做學派研究，解釋要容易些。到底那一部分應歸宗教，那一部分應歸哲學，分起類來很不方便。若把全部佛教，移到哲學，那麼宗教史的材料更少了。

爲甚麼宗教在中國不發達？大抵因爲各種宗教到了中國，不容易有好教會的組織發生。最近基督教宗中如燕京大學一派有組織中國基督教會的運動，我很贊成。因爲人類應有信仰宗教的自由，我們不能因爲他是外來的就排斥他。基督教所以可恨，只因他全爲外國人包辦。假使由中國人來辦，就可免掉外國借手侵略的野心，所以若做宗教史，最後一頁可以講有少數人有這種運動。他們既然信仰基督教，當然應該努力；但事實上未必成功，如有可能，恐怕早已有人做成功了。

就外來的宗教講，其教理要略及其起原，用不着在中國宗教史講。在中國內部，所謂教會的形式，又沒有具體的。中國宗教史祇能將某時代某宗派輸入信仰的人數，於某時代有若干影響，很平常的講講而已。雖或有做的必要，卻難做得有精彩。

就中國原有的宗教講，先秦沒有宗教，後來只有道教，又很無聊。道教是一面抄襲老子莊子的教理，一面採佛教的形式及其皮毛，湊合起來的。做中國史，把道教敍述上去，可以說是大羞恥。他們所做的事，對於民族毫無利益，而且以左道惑衆，擾亂治安，歷代不絕。講中國宗教，若拿道教做代表，我實在很不願意。但道教醜雖很醜，做中國宗教史又不能不敍。他於中國社會既無多大關係，於中國國民心理又無多大影響，我們不過據事直書，略微講講就夠了。

做中國宗教史，倒有一部分可寫得有精彩。外國人稱中國人奉多神教，名詞頗不適當。多神教是對一神教而言。基督教，猶太教是一神教，其他都是無神教，佛教尤其是無神教。西洋人不曾分別這點，說印度人奉佛教卽奉多神教。中國孔子不講神，說「未能事人，焉能事鬼？」「未知生，焉知死？」然而孔子對於祭祀卻很看重。論語說，「祭如在，祭神如神在。」孔子一面根本不相信有神，一面又藉祭祀的機會，彷彿有神，以集中精神。儒家所講的祭祀及齋戒，都只是修養的手段。論語說，「非其鬼而祀之，諂也。」「其鬼」和「非其鬼」的分別，和西洋人的看法不同。意思只是，鬼神不能左右我們的禍福；我們祭他乃是崇德報功。祭父母因父母生我養我；祭天地因天地給我們許多便利。父母要祭，天地山川日月也要祭；推之於人，則凡爲國家地方捍患難建事業的人也要祭；推之於物，則貓犬牛馬的神也要祭；只此，「報」的觀念便貫徹了祭的全部分。這種祭法，和希臘埃及的祭天拜物不同。他們是以爲那裏面有甚麼神祕，乃是某神的象徵，並不因其有恩惠於人而去祭他。老實講，中國所有的祭祀，都從這點意思發源，除了道教妖言惑衆的拜道以外。我們將歷代所拜的神羅列起那些名詞來，分類研究其性質及變遷，實在很有趣味。

我們看，古時的人常常因感恩而尊所感的人爲神。如醫家祭華陀扁鵲，戲子祭唐明皇。若把普通人祭甚麽，某階級祭甚麽，分類求其祭的原因及起原的情形，可以得知十有八九是因爲報恩的。

若看歷代所崇拜的神的變遷，尤其有意思。——例如近代最行運的神是關羽；關羽以前是蔣子文。南京鍾山也叫蔣山，即因蔣子文得名。蔣子文是一個知縣，六朝人守南京，城陷，殉節。他官階既比關羽低，時代又比關羽後，但同是殉節的人，都合於祀典「以死勤事則祭之」的向例。這類殉節的人，古來很不少；不過蔣子文當時死得激烈一點，本地人崇拜他，祭祀他，起初稱他知縣，其後稱他蔣侯，其後又稱他蔣王，最後竟稱他蔣帝。祭他的地方不很多，祇在南朝各地；但南朝各代，上自皇宮，下至偏僻市鎮，都很虔誠的祭他。比較關羽的享遇，當然差得遠；但人雖生於關羽之後，神卻成於關羽之前。關羽的運氣行得很遲；到明末纔有許多地方祭他爲神，到滿人入關，纔極通行。滿洲人翻譯漢文成滿文的，最初一部是三國演義。一般人看了，認關羽是惟一的人物。後來迭次打勝仗，都以爲靠關羽的神幫助。所以八旗兵民所到的地方，沒有不立關帝廟祭關羽的。皇帝在文廟祭孔子，在武廟就祭關羽岳飛。無形中，社會受了莫大的影響。乃至沒有甚麽地方不祭關羽，沒有甚麽地方沒有關帝廟。諸位的故鄉，自然有這種風俗。就是現在從淸華園大門出去，那正藍旗和正白旗，二個村莊不見他有甚麼宗祠家廟，倒都有關帝廟佔正中的位置，做全村公共會集的地方。諸君再到北京前門外那個有名的關帝廟，一問那看廟的人，一定可以得到一件有趣的故事：「明萬曆間，宮中塑了兩個關帝偶像，叫人給他倆算命。神宗皇帝喜歡的那個，偏偏命不好；皇帝討厭的那個，偏偏有幾百年的煙火。皇帝發脾氣了，吩咐把自己喜歡的供在宮中，把那個討厭的送往前門外的廟裏去。那知道後來李闖一進宮門，便把那關帝像燬了；前門外那個關帝像到現在還有人供祀，」關羽是特殊有運氣的神，時間已有四五百年，地方遍及全國。還有運氣不好的，如介之推，除了山西以外，沒有廟；如屈原，除了湖南以外，也沒有廟。然而寒食端午兩節，專是紀念他倆的，也帶了十足的崇拜先哲的意思，和廟祀差不多。——我們若是把中國人所供祀的神，一一根究他的來歷，大抵沒有不是由人變來的。我們看他受祀範圍的廣狹，年代的久暫，和一般民衆祀他的心理，做成專篇，倒是宗教史裏很有精彩的一部分。所以可以說中國人實在沒有宗教，祇有崇德報功的觀念。

還有一點，在宗教史上要說明的。中國人信佛宗釋伽牟尼，信道宗太上老君，信基督教宗基督，同時可以並容，決不像歐洲人的絕對排斥外教。佛教輸入以後，經過幾次的排斥，但都不是民衆的意思。北魏太武帝北周武帝唐武帝三次摧殘佛教，其動機都因與道教爭風。當時那兩教的無聊教徒，在皇帝面前爭寵，失敗了的，連累全教都失敗，這和全國民衆有何相關？中國所以不排斥外教，就因爲本來沒有固定的宗教信教也是崇德報功的意思。基督教輸入以後，所以受過幾次的激烈排斥，也只因基督教徒本身有排外的思想，不容外教的存在。回教謨罕默德出於摩西，也是排外的教。摩西之所以起，卽因爭奪南方膏腴之地而起。基督教到羅馬，以教會干涉政治；回教所到之處，亦以教會干涉政治：那自然和本方人的權利思想不相容，自然會引起相當的反感。當他們初入中國，未現出侵略的野心以前，中國人是無不歡迎的。自唐朝景教流行到明末基督教再來，都不曾有甚麼反動。後來因爲舊教天主教有壟斷政權的嫌疑，新教耶穌教又有侵略主義的野心，所以我們纔排斥他。回教輸入中國以後的情況，也是一樣。

關於這點——中國人對於外來宗教的一般態度，很値得一敍。我們常常看見有許多廟裏，孔子，關羽，觀音，太上老君，同在一個神龕上，這是極平常的現象。若不了解中國人崇德報功的思想，一定覺得很奇怪。其實崇德報功，只一用意，無論他的履歷怎樣，何妨同在一廟呢？譬如后稷和貓都有益於農耕，農人也常常同等供祀，又有何不可呢？

做中國宗教史，依我看來，應該這樣做：某地方供祀某種神最多，可以研究各地方的心理；某時代供祀某種神最多，可以研究各時代的心理。這部分的敍述纔是宗教史最主要的。至於外來宗教的輸入及其流傳，只可作為附屬品。此種宗教史做好以後，把國民心理的眞相，可以多看出一點；比較很泛膚的敍述各教源流，一定好得多哩。

戊　學術思想史

中國學術不能靠一部書包辦，最少要分四部：

子　道術史——即哲學史

丑　史學史

寅　自然科學史

卯　社會科學史

四部合起來，未嘗不可；然性質既各不同，發展途逕又異，盛衰時代又相參差，所以與其合併，不如分開。現在先講道術史的做法。

子　道術史的做法

中國道術史，看起來很難做。幾千年來的道術，合在一起，要想系統分明，很不容易。不過，若把各種道術分爲主系閏系旁系三類，好好的去做，也不是很難。主系是中國民族自己發明組織出來，有價值有權威的學派，對於世界文化有貢獻的。閏系是一個會做主系的學派出來以後，繼承他的，不過有些整理解釋的工作，也有相當的成績的。旁系是外國思想輸入以後，消納他，或者經過民族腦筋裏一趟，變成自己的所有物，乃至演成第二回主系的思想的。幾千年來的思想，認定某種屬某系，有了綱領，比較的容易做。

主系思想，有價值的，不過兩個時代：一、先秦；二、宋明（包括元代）。要做中國道術史，可以分做上下兩篇，分講先秦宋明兩個主系；但非有眞實的學問，加精細的功夫不可。

所謂閏系，如漢朝到唐初，對於先秦的學術，清朝對於宋明，是閏系。因爲漢唐人的思想，不能出先秦人的範圍，清人的思想，不能出宋明人的範圍。雖然東漢以後，已有一部分旁系發生，清朝也有一部分旁系發生，但閏系的工作仍佔一部分，不妨分別敘述。

所謂旁系，最主要的是六朝隋唐間的佛學。那時代把佛學輸入以後，慢慢的消化，經過一番解釋，準備做第二回的主系。這個旁系，和第一回主系先秦沒有關係，但是宋明主系的準備。還有一種旁系，就是現代。再追遠一點，到明中葉基督教的輸入；但那時的關係很微，到最近三四十年纔發達。此刻的旁系比隋唐的佛學還弱的很，將來在學術上的位置很難講，倒有點像東晉南北朝的樣子，離隋唐尚遠。東晉時，佛教各派思想都已輸入，但研究者僅得皮毛，還沒有認眞深造的工作。中間經幾百年，到隋唐而後纔有很體面的旁系出現。因旁系的體面而有融會貫通，自創一派的必要。現在的中國，我們希望更有一個主系出現，和第一主系第二主系都要不同纔好。宋明思想和先秦思想，好壞另是一件事，性質可絕不相同。旁系發達到最高潮，和過去的主系結婚，產生一新主系，這是宋明道術的現象。現在的中國也有這種產生第三主系的要求，但主系產生的遲早，要看我們努力的程度如何。此刻努力，主系可以早出現。此刻不努力，或努力不得其方，恐須遲延到若干年後。但第三主系的產生，始終必可實現，因爲現在正是第二旁系輸入中國的時期。

若是拿上述那種眼光來做道術史，並不難做。做的時候，全部精神集中到主系。第一主系，範圍既廣，方面又多，要說明他，是很困難。但是細細辨別起來，也還容易。春秋戰國以前，都是醞釀時代；可由詩經書經左傳所載，說明白古代思想的淵源。春秋戰國——即先秦——是主系的所在。那時各家的著作，打開漢書藝文志或二十二子百子全書一看，似乎浩如煙海；其實若仔細分別一下，眞的先秦書實在不多，屈指可數。做道術史做到先秦，最要緊的是分派。分派的主張各人不同。司馬談分爲六家，劉歆班固分爲九流十家，其實都不很對。老實講，只分儒道墨三家就够了。再細一點，可加上陰陽家及法家。而最重要的仍是前三家。能把這三家認識得清楚，分別得準確，敍述得詳明，就很好了。陰陽家如鄒衍一派，沒有幾本書；漢初以後的陰陽家是否先秦鄒衍這派，很值得研究。

第一閏系，就是第一主系的餘波；從全部思想看來，不能佔重要的位置，他的敍述不能和第一主系平等看待。這時第一要緊的事，就要把各家的脈絡提淸，看他如何各自承受以前的學風，如何各自解釋本派的學說，如何本派又分裂爲幾派，如何此派又和彼派混合。儒家，戰國末已分爲八派，須要分別說明。漢朝那般經學家墨守相傳的家法，有許多迂腐離奇的思想，須要看他如何受陰陽家的影響；道家如淮南子，在閏系中很有價值；那些派別，須要分清。墨家思想到漢朝已中絕，但也有見於他書的如春秋繁露，一部分是陰陽家的思想，另一部分是墨家的思想。

無論那派，當一大師創造提倡之時，氣象發皇，有似草木在夏天。其先慢慢的萌芽長葉含苞吐蕊，有似草木在春天。其後落華取實，漸至凋落，有似草木在秋天。又後風采外謝，精華內蘊，有似草木在冬天。譬如第一主系的先秦，各家都忙於創作，未暇做整理的工夫。其先當然是醞釀時期，沒有急遽的進步，其後到西漢，各家都不去創作，專事整理。在前未入完成的部分，經這期的人加添潤飾，果熟蒂落。在前未應用到社會的部分，經這期的人一一實現到社會應用上去，社會都受其賜了。關於後者，漢朝在政治史上所以佔重要位置，在道術史上所以是閏系，都因享受先秦的結果。如儒家經過西漢二百年儒者的傳習理解，已竟深入人心，到東漢便實現到社會上去，像收穫果實一樣，所以東漢的政治組織，民衆風俗，在中國是小小的黃金時代。關於前者，漢朝在秦皇焚書之後，書籍殘缺，耆宿彫落，後輩欲治先秦的學問，眞不容易。所以一般學者專事解釋先秦著作，不知創作。但因古文字可以有多方面的解釋，各家墨守祖說，互爭小節，思想變爲萎靡不振的現象。而且一種學術，無論如何好，總有流弊況經輾轉傳說，也不免有失眞象：所以一種學術應用到社會上，算是成功，也就因此腐壞。有如果實爛熟而發生毛病一樣。所以研究閏系思想，一方面看他們如何整理解釋，不忘他們工作的功勞；一方面也要注意他們彼此做無聊的競爭，生出支離破碎的現象。所以敍述閏系和敍述主系不同：對於第一主系的幾派，要詳細研究其內容的眞相；對於第一閏系卻可不必。漢朝十四博士的設立，乃至各博士派別的差異，我們可以不必管他。他主系須看內容，閏系只看大概，只看他們一羣向那裏走。我們做第二主系，用此做法，並不很難。

第一旁系的發生，很重要。佛教到底應擺在宗教史還應擺在道術史，很費斟酌。單做佛教史，當然可以詳說；但做道術史，則仍以擺在道術中爲是。在中國的佛教，惟淨土宗及西藏蒙古的喇嘛教應擺在宗教方面，因爲縱使他們有相當的哲理，而在中國本部文化上的影響很少；即西藏蒙古人之信仰喇嘛，也並不因他有哲理，所以應該收入宗教裏。此外，自隋唐以來，最初的毗曇宗，到三論宗，攝論宗，小乘的毗曇宗，大乘的教下三家——天台宗，華嚴宗，法相宗，乃至禪宗，都關於哲理方面。大多數的佛教徒，信宗教的成分，不如研究哲理的成分多。簡單講，除密宗在蒙藏應列入宗教史以外，其他都應收入道術史。這部分工作，頗不容易。第一：要說明原始佛教何如？印度佛教的分化發展何如？因爲要想了解新婦的性情，非先了解她的娘家不可。所以先應忠實的看佛教起原及其分化，發展，然後可敍中國的佛教。第二：東漢三國西晉南北朝是翻譯時期，但能吞納，不能消化。所以應該敍述那時輸入的情況何如？輸入了些甚麽東西？那些譯本是否能得原本眞相，沒有錯誤。第三：最主要的唐朝教下三家，要集中精神去說明。法相宗從印度由玄奘帶來，玄奘以前，只是印度人講。到玄奘譯著成唯識論，纔開這個宗派。但成唯識論是玄奘及其弟子窺基把釋伽牟尼以後十家的道術匯合翻譯，參以己意，纔做成的。此種譯著，爲功爲罪，尙不分明。十家的內容很難分別；其中以護法爲主，而其餘九家，不易看出。十家的道術，經過玄奘窺基的整理，去取之間，很有選擇。雖說原是印度人的思想，但其中實參加了中國幾個大師的成分。天台宗是智者大師所創，後來印度來的許多大師都很佩服他。認眞看起來，天台宗的確和印度各宗不同。許多人攻擊他，以爲不是眞佛教；其實這種不純粹的洋貨，我們治學術史的人尤其要注意。華嚴宗不是純粹出自中國，也不是純粹出自印度，乃出自現在新疆省的于闐。佛教到于闐才發生華嚴宗，華嚴宗到中國本部纔成熟，至少不是印度的。

——所以所謂教下三家，可說完全都是中國的；此外教外別傳，如禪宗，神話說是達摩自印度傳來的，我們研究的結果，不肯相信。他所謂西方二十八祖，全是撐門面的；實在只有五祖和慧能，純是中國的學派。所以禪宗的學風，也純是中國的創作，應該和教下三家同樣的用力敍述。

佛教雖是旁系，但做起來的時候，應該用做主系的方法去研究。因爲起初雖自外來，但經過中國人消化一次，也含有半創作性。所以除了簡單講印度佛教的起原和變遷以後，主要各宗派，在中國的，應該用研究先秦各家的方法去研究。看他不同之點何在？主要之點何在？這是做中國道術史比較的困難所在。其實也並不困難。因爲書籍儘管多，要點只是這幾個，不過我們沒有研究，心驚便是了。只要經過一番研究，得着綱領，做起史來，實在容易。

旁系之中，附帶有他的閏系。講亦可，不講亦可。若是順便講的話，佛教的創作至唐開元而止，中唐以後及五代便是佛教的閏系。後來法相宗的消滅，華嚴宗的衰微，天台宗的分裂爲山內山外，禪宗的分爲五派，自來講中國佛教掌故的最喜歡講這些東西，實在這都是閏系的話，旁系的主要點全在內容的說明。

現在有許多人感覺做中國道術史的困難，以爲三國到隋唐實在沒有資料。其實，那有一個這麼長的時代而沒有道術之理？他們把這時代省去，中間缺了一部分，還那裏成爲道術史？再則，這部分工作如果落空，宋明哲學——第二主系思想——的淵源如何看得出來？所以認眞做中國道術史的人，應當對於第一旁系——佛教——加以特別的研究。

再往下就是第二主系——宋明道術。宋儒自稱直接孔孟心傳，不承認與佛教有關係，而且還排斥佛教。另一方面對他們反動的人攻擊他們，以爲完全偷竊佛教唾餘，自己沒有東西。淸代的顏元戴震和近代的人，連我自己少時也曾有這種見解。其實正反兩方都不對：說宋明道術完全沒有受佛教的影響固然非是，說宋明道術自己沒有立脚點也是誤解。簡直講，儒家道家先秦兩漢，本有的思想，和印度佛教思想結婚，所產生的兒子，就是宋明道術。他含有兩方的血統，說他偏向何方都不對。思想的高下雖可批評，然實在是創作的。先秦主系都是鞭辟近裏，把學術應用到社會上去。兩漢閏系專門整理解釋，離實際生活太遠了。宋明學者以漢唐的破碎支離的學問，繁瑣無謂的禮節，與人生無關，乃大聲疾呼的，說要找到一種人生發動力，纔算眞學問，所以超越閏系，追求主系本來面目如何，其與社會有如何的關係。宋明道術所以有價值，就在這一點。但他們所謂回到本來面目，是否達到，卻不敢說。不過以古人的話啓發他自己的思想，實在得力於旁系的影響。當宋朝的時候，佛教旁系已成了閏系，派別很多。法相宗華嚴宗雖已消滅，天台宗禪宗卻分爲好幾派，和兩漢今古文之爭一樣，互相攻擊，對於社會人心倒沒有多大關係。但一般學者，因苦於漢唐經學之茫無頭緒，總想在佛經上求點心得。如二程朱子之流，少年皆浮沉於佛教者若干年，想在那方解決人生的究竟。但始終無從滿足這種欲望，所以又返而求之於先秦。研究佛經時雖未能解決人生問題，但已受有很深的影響；以後看先秦書籍時，就如戴了望遠鏡或顯微鏡，沒有東西的地方也變成有東西了。一方面，整個社會經過佛教數百年的熏炙，人人心裏都受了感染，所以一二學者新創所謂道學，社會上雲起峯湧的，就有許多人共同研究，而成爲燦爛發皇的學派。

我們研究這個主系，家數雖多，但方面不如第一主系的複雜。第一主系，儒道墨三家，分野很清楚。第二主系，許多家數所討論的不過小問題，不再多分派別。依普通的講法，可分程朱，陸王二派。其餘各小派，可以附帶擇要敍述，如北宋的邵雍歐陽修王安石，南宋的張栻呂祖謙陳亮葉適等。這樣，比較的可以容易說明，免去許多麻煩。

再下去是第二閏系就是清朝道術。但清朝一方面雖是宋明的閏系，一方面又是作未來主系的旁系。所謂第二閏系，即清朝的宋學家。他們一方面作宋明的解釋，一方面卽作先秦的解釋。清朝主要的思想家有影響的眞不多。其中有許多大學者，如高郵王氏父子，不能說是思想家；不過工作得還好而已，對於道術史全部分，無大影響。

統觀清代諸家，考證家可以補第一閏系的不足，理學家可以做宋明的閏系；中間又有旁系的發生，無形中受了外來的影響，就是顏元戴震一派。顏戴並不奉信基督教，也許未讀西文譯本書，但康熙朝基督教很盛，往後教雖少衰，而思想不泯，學者處這種空氣中，自然感受影響，也想往自然科學方面走，不過沒有成功就是。

現在往後，要把歐美思想儘量的全部輸入，要了解，要消化，然後一面感覺從前學術不足以解決我們的問題，一面又感覺他們的學術也不足以解決他們的問題，然後交感而生變化作用，纔可以構成一種新東西。做道術史到最後一章，要敍述現在這個時代，是如何的時代：閏系的工作過去了，旁系的工作還沒有組織的進行，發生主系的時間還早——給後人以一種努力的方向。

理想的中國道術史大概分這幾個時代，抓著幾個綱領做去並不困難，或全部做，或分部做，都可以。

丑　史學史的做法

史學，若嚴格的分類，應是社會科學的一種。但在中國，史學的發達，比其他學問更利害，有如附庸蔚爲大國，很有獨立做史的資格。中國史學史，最簡單也要有一二十萬字纔能說明個大概，所以很可以獨立著作了。

史學的書，在七略和漢書藝文志，並未獨立成一門類，不過六藝略中春秋家附屬之一。隋書經籍志依魏荀勗新簿之例，分書籍爲經史子集四部，史佔四分之一，著作的書有八百六十七部，一萬三千二百卷，比較漢志大大的不同，可見從東漢到唐初，這門學問已很發達了。

這還不過依目錄家言，實則中國書籍，十之七八可以歸在史部。分部的標準，各目錄不概同，隋志的四部和四庫全書的四部，名同而實異，範圍很不一致。單就史部本身的範圍而論，可大可小；若通盤考察嚴格而論，經子集三部，最少有一半可編入史部，或和史部有密切的關係。

如經部諸書，王陽明章實齋都主張六經皆史之說，經部簡直消滅了。寬一點，易經詩經，可以不算史；尚書春秋，當然屬史部；禮講典章制度風俗，依隋志的分法，應歸入史部：尚書春秋禮既已入史部，三傳二記也跟了去，經部剩的還有多少？

子部本來就分得很勉強。七略漢志以思想家自成一家之言的歸子部，分九流十家，比較還算分得好。但那些子書和史部可很有關係。如管子和晏子春秋韓非子講的史事極多，幾乎成爲史部著作。漢後思想家很少，綜核名實，配不上稱子而入子部的最少有一半；那些子書所以存在，全因他紀載了史事。卽如史記紀載史事，司馬遷當初稱他太史公書，自以爲成一家之言，若依規例，自然應歸子部。可見子部史部本來難分，前人強分只是隨意所欲，並沒有嚴格的分野。

集部，漢志詩賦略所載諸書，純是文學的。後來的集，章實齋以爲卽是子，因其同是表示一人的思想。如朱子全集王陽明全集雖沒有子的名稱，但已包舉本人全部思想，又並不含文學的性質，爲什麼又入集部，不入子部呢？如杜甫集李白集純是文學的，猶可說。若朱子集陽明集以及陸象山集戴東原集，絕對不含文學的性質的，拿來比附漢志的詩賦略，簡直一點理由也沒有，我們是絕對不認可的。集部之所以寶貴只是因爲他包含史料。如紀載某事某人某地某學派，集部裏實在有三分之二帶史部性質。就是純文學的作品包含史料也不必少。如杜甫集，向來稱做詩史。凡研究唐玄宗代宗肅宗諸朝的情形的，無不以杜甫集做參考。這還可說特別一點，其餘無論那一部集，或看字句，或看題目，可以寶貴的史料仍舊到處都是。不必遠徵，前年我講中國文化史社會組織篇，在各家文集詩句裏得了多少史料，諸君當能知道。以此言之，純文學的作品也和史部有關。

所以中國傳下來的書籍，若問那部分多，還是史部。中國和外國不同。外國史書固不少，但與全部書籍比較，不如中國。中國至少佔什之七八，外國不過三分之一。自然科學書，外國多，中國少。純文學書，外國也多，中國也少。哲學宗教的書，外國更多，中國更少。

此何以故？中國全個國民性，對於過去的事情看得很重。這是好是壞，另一問題。但中國人「回頭看」的性質很強，常以過去經驗做個人行爲的標準。這是無疑的。所以史部的書特別多。

中國史書既然這麽多，幾千年的成績，應該有專史去敍述他。可是到現在還沒有，也沒有人打算做，眞是很奇怪的一種現象。（名達案：民國十四年九月，名達初到清華研究院受業於先生，即有著中國史學史之志，嘗向先生陳述；至今二年，積稿頗富，惟一時尚不欲草率成書耳。）

中國史學史，最少應對於下列各部分特別注意：一、史官；二、史家；三、史學的成立及發展；四、最近史學的趨勢。

最先要敍史官：史官在外國並不是沒有，但不很看重；中國則設置得很早，看待得很尊。依神話說，黃帝時，造文字的倉頡，就是史官，這且不管；至遲到周初，便已看重史官的地位。據金文——鐘鼎文——的紀載，天子賜鐘鼎給公卿諸侯，往往派史官做代表去行給獎禮。周公時代的史佚見於鐘鼎文就不下數十次，可見他的地位很高。他一人如此，可見他那時和他以前，史官已不是輕微的官了。殷墟甲骨文時代在史佚之前，已有許多史官名字，可知殷代初有文字，已有史官。尚書的王命顧命兩篇，有史官的事實，這是見於書籍的紀元。左傳紀載晉董狐，齊北史氏的直筆，稱道史官的遺烈，可見在孔子以前，列國都有史官，不獨天子。孟子說，「晉之乘，楚之檮杌，魯之春秋，其實一也。」墨子說曾見百國春秋。左傳記晉韓宣子聘魯，觀書於太史氏，得魯易象與春秋，可見春秋戰國時代，列國都有春秋一體的史書，而且都是史官記的，所以後來司馬遷叫他「諸侯史記。」晉太康三年，汲郡發掘晉襄王冢得到的許多書中，有一部似春秋，紀載黃帝以來的事實，自晉未列為諸侯以前，以周紀年，自魏未為諸侯以前，以晉紀年，自魏為諸侯以迄襄王，以魏紀年，而且稱襄王為今王。這部書當時人叫他竹書紀年，後來佚了，現在通行的是假書，王靜安先生所輯的略為可靠。據晉書所載竹書紀年的體裁，竹書紀年當然是魏史官所記，和魯史記的春秋一例。其餘各國史官所記，給秦火焚燬了，想來大概都是竹書紀年一體，而且各國都有史官職掌這事的。還有一點，值得注意。竹書紀年的紀載從黃帝堯舜一直到戰國，雖未必全眞，由後人追述的也有，但亦必有所本，不能憑空杜撰。其中所載和儒家傳說矛盾的，如啟殺伯益，伊尹殺太甲，夏年多於殷，亦必別有所本。他又並不瞎造謠言，有許多記載已給甲骨文鐘鼎文證明是事實。這可見魏史官以前有晉史官，晉史官以前有周史官，周史官以前有殷史官，……一代根據一代，所以纔能把遠古史事留傳下來。雖然所記不必全眞全精，卽此粗忽的記載，在未能證明其為全僞以前，可以斷定中國史官的設置是很早很早的。最低限度，周初是確無可疑的已有史官了。稍為放鬆一點，夏商就有，亦可以說。中國史學之所以發達，史官設置之早是一個主要原因。

其次，史官地位的尊嚴，也是一個主要原因。現在人喜歡講司法獨立，從前人喜歡講史官獨立。左傳裏有好幾處，紀載史官獨立的實蹟。如晉董狐在晉靈公被殺以後，書「趙盾弒君」，趙盾不服，跟他辯，他說你逃不出境，入不討賊，君不是你弒的是誰？趙盾心虛，只好讓他記在史册。又如崔杼殺齊莊公，北史氏要書「崔杼弒君」，崔杼把他殺了，他的二弟又要書，崔杼把他的二弟殺了，他的三弟不怕死，又跑去要書，崔杼短氣，不敢再殺，只好讓他。同時，南史氏聽見崔杼殺了幾個史官，趕緊跑去要書，看見北史氏的三弟已經成功了，纔回去。這種史官是何等精神！不怕你奸臣炙手可熱，他單要捋虎鬚。這自然是國家法律尊重史官獨立，或社會意識維持史官尊嚴，所以好的政治家不願侵犯，壞的政治家不敢侵犯，侵犯也侵犯不了。這種好制度不知從何時起，但從春秋以後，一般人暗中都很尊重這無形的紀律，歷代史官都主張直筆，史書做成也不讓皇帝看，固然甚麼制度，行與不行，都存乎其人，況且史官獨立半是無形的法典？譬如從前的御史，本來也是獨立，但是每到末世，就變皇帝大臣的走狗。又如民國國會的豬仔，祇曉得要錢，那懂得維持立法獨立？就是司法獨立也不過名義上的，實際上還不是給軍閥闊人支配？但是只要有這種史官獨立的精神，遇有好史官便可以行其志，別人把他沒有法子，差不多的史官也不敢恣意曲筆。

除了這點獨立精神以外，史官地位的高貴也很有關係。一直到清代，國史館的纂修官一定由翰林院的編修兼任。翰林院是極清貴的地方，人才也極精華之選。平常人稱翰林爲太史，一面尊敬，一面也就表示這種關係。一個國家，以如此地位，妙選人才以充其選，其尊貴爲外國所無。科舉爲人才唯一出身之途，科舉中最清貴的是太史，可以說以全國第一等人才做史官了。

史官在法律上有獨立的資格，地位又極尊嚴，而且有很好的人才充任，這是中國史學所以發達的第二原因。但是到民國以後就糟了！自史佚以來未曾中斷的機關，到現在卻沒有了！袁世凱做總統的時候，以國史館總裁位置王壬秋，其實並不曾開館。後來就讓北京大學吞併了一次，最近又附屬於國務院，改名國史編纂處。獨立精神到現在消滅，是不應當的。幾千年的機關，總算保存了幾千年的史蹟，雖人才有好壞，而紀載無間缺。民國以來怎麼樣？單是十六年的史蹟，就沒有法子詳明的知道。其故，只因爲沒有專司其責的國史館。

私人作野史，固可以補史官的不及。但如明末野史很發達，而萬季野主張仍以實錄爲主。史官所記固或有曲筆，私人所記又何嘗沒有曲筆？報紙在今日是史料的淵叢了，但昨天的新聞和今日矛盾，在甲軍閥勢力下的報紙和在乙軍閥勢力下的參差，你究竟相信誰來？——所以做史學史到敍述史官最末一段，可以講講國史館的設立，和史官獨立的精神與史官地位的尊嚴之必要。

史學史的第二部分要敍述史家：最初史官就是史家，不能分開；到後來，仍舊多以史官兼史家。但做史學史，在史官以外，應從史家兼史官的或史家不是史官的看他史學的發展。這部分資料，歷代都很少。以一種專門學問自成一家，比較的要在文化程度很高以後。所以春秋以前不會有史家。歷史學者假如要開會館找祖師，或者可用孔子，因春秋和孔子有密切的關係。孔子雖根據魯史記作春秋，但參雜了很多個人意見。春秋若即以史爲目的，固然可叫做史。即使在史以外另有目的，亦可以叫做史。本來紀載甚麼東西，總有目的。凡作史總有目的；沒有無目的的歷史。孔子無論爲哲學上，政治上，有其他目的，我們亦不能不承認他是史家。即使他以紀載體裁發表政見，春秋仍不失爲史學著作的一種。其後最昭明較著的史家，當然是國語左傳的作者，無論他姓甚名誰，大概推定其年代不出孔子死後百年之內。這個史家是否晉史官，我們也不敢斷定。據我看，做左氏春秋的人不見得是史官，因史官是國家所設，比較的保守性多，創作性少；但也不敢確定。若是一個史官，則實是一個最革命的史官了。魯春秋和竹書紀年大概是同一體裁，都是史官所記，和左氏春秋不同。左氏春秋的範圍很廣，文章自出心裁，描寫史蹟，帶有很濃厚的文學性質，眞的史家開山祖，當然要推崇這個作者了。這作者的姓名事蹟雖待考訂，而這部書的價值應該抬高，因爲自這部書出現以後，史學的門徑纔漸漸打開了。史記稱孔子春秋以後，有左氏春秋虞氏春秋呂氏春秋鐸氏微，都是承風後起的，現在只有呂氏左氏二種，餘皆不存。那些若和呂氏一樣，不能說；若和左氏一樣，應屬史家之類。漢初有一位史家，名叫陸賈，著了一部楚漢春秋。可惜那書不傳，不知內容怎樣。——以上諸家，都脫不了春秋的窠臼。

以下就是司馬遷作史記，史學因之轉變方向。史記這書的記載並不十分眞確，南宋以後，有許多人加以攻擊；但是無論如何，不能不承認是一種創作。他的價值全在體裁的更新，舍編年而作紀傳書表；至於事蹟的擇別，年代的安排，他是沒有工夫顧到的。自司馬遷以後，一直到現在快出版的清史，都用史記這種體裁，通稱正史。自隋志一直到最近的各種藝文志和藏書目，史部頭一種就是正史，正史頭一部就是史記。雖說編年體發達在先，但紀傳體包括較廣，所以唐人稱爲正史。普通人以爲紀傳體專以人爲主，其實不然。史記除紀傳以外，還有書表。表是旁行斜上，仿自周譜；但周譜只有譜，史記則合本紀列傳書表在一起，而以表爲全書綱領，年代遠則用世表，年代近則用年表月表，或年經國緯，或國經年緯，體例很複雜。本紀是編年體，保存史官紀載那部分。書八篇是否司馬遷原文，做得好不好，另一問題；但書的內容，乃是文化史，不是單講個人。史記八書所範圍的東西已很複雜，後來各史的書志，發展得很厲害。如漢書的藝文志，隋書的經籍志，魏書的釋道志，多麼寶貴。所以紀傳體的體裁，合各部在一起，記載平均，包羅萬象，表以收複雜事項，志以述制度風俗，本紀以記大事，列傳以傳人事，伸縮自如，實在可供我們的研究。我們不能因近人不看志表，也罵紀傳體專替古人做墓志銘，專替帝王做家譜。我們儘可依各人性之所近去研究正史。如晉書好敍瑣碎事，滑稽語；元史多白話公文，這都保存了當時原形，這都因體裁的可伸可縮，沒有拘束。所以司馬遷創作這種體裁，實在是史學的功臣。就是現在做清史，若依他的體裁，也未嘗不可做好，不過須有史學專家，不能單靠文人。自從他這個大師打開一條大路以後，風起雲湧，續史記者有十八人；其書雖不傳，但可見這派學風在西漢已很發達了。

司馬遷以後，帶了創作性的史家是班固，他做的漢書內容比較史記還好；體裁半是創作，就在斷代成書這點。後來鄭樵罵他毀滅司馬遷的成法，到底歷史應否斷代還有辯論的餘地，但斷代體創自班固則不可誣。從此以後，斷代的紀傳體，歷代不絕，竟留下了二十餘部。稱中國歷史，必曰二十四史。二十四史除史記外，都是斷代的紀傳體。談起這體的開山祖，必曰班固。所以班固須佔史家史的一段。

再次是荀悅，即漢紀的作者。史的發達，編年在先，紀傳在後。司馬遷以前，全是編年；以後，紀傳較盛，但仍感有編年的必要。漢紀即編年體，荀悅的地位同於班固。班固變通代的紀傳體為斷代的，荀悅也變通代的編年為斷代的。所以荀悅也須一敍，以表示這種趨勢。

第一期的史家有這麼多，也有一等二等之分。經過這一期以後，「千巖競秀，萬壑爭流」的史家多極了。據劉知幾的計算，自東漢到唐初不下百餘家，這是史學極盛時期。單是晉書就有十八家做過，自唐代官修晉書出而十八家全廢。此外宋齊梁陳北魏北周北齊以及稍前的五胡十六國，或編年，或紀傳，無不有史，卽無不有史家。但那時著作，多半因襲，沒有創作。自唐初以前，作者或兼史官，或以私人作史而後來得國家的幫助，國家把他當史官看待，或竟用私人力量著成一書，這都受司馬遷班固的影響。這些人和唐以後不同，都是一個人獨立做史，或父子相傳，或兄弟姊妹同作。他們的成功與否，成功的大小，另是一問題；但都想自成一家之言，不願參雜別人的見解，和唐後官修史書完全異致。

唐以後，史學衰歇，私人發宏願做史家的很少。國家始設立館局，招致人才，共同修史。這種制度，前代也許有，但都是暫時的；到唐代纔立爲法制，但有很多毛病，當時劉知幾已太息痛恨，而終不能改。劉知幾是史官中出類拔羣的，孤掌難鳴，想恢復班固的地位而不可能，只好悶煩鬱結，著成一部講求史法的史通。他雖沒有作史的成績，而史學之有人研究，從他始。這好像在陰霾的天氣中打了一個大雷，驚醒了多少迷夢，開了後來許多法門。這可以讓第三部分講。

宋朝有好幾部創作：(1)歐陽修的新五代史記，好不好另一問題；但在史家的發達變遷上，不能不推爲一個復古的創作者。他在隋唐五代空氣沉悶以後，能够有自覺心，能够自成一家之言，不惟想做司馬遷，而且要做孔子，這種精神是很可嘉尚的。他在新五代史記以外，還和宋祁同修了唐書。唐書的志這部分是他做的，很好，只有明史的志可和他相比。表這部分，如宰相世系表也算創作。所以，歐陽修所著的書，不管他好不好，而他本人總不失爲「發憤爲雄」的史家。(2)司馬光的資治通鑑，價值不在史記之下。他的貢獻，全在體裁的創作。自荀悅作漢紀以後，袁宏作後漢紀，干寶作晉紀，都是斷代的編年體。到資治通鑑纔通各代成一史，由許多史家分擔一部，由司馬光綜合起來。簡繁得宜，很有分寸；文章技術，不在司馬遷之下。先頭作了長編，比定本多好幾倍；後來又另作考異，說明去取的來由；作目錄，提挈全書的綱領：體例極完備，考異的體例尤其可貴。我們學古人著書，應學他的方法，不應學他的結果。固然考異的方法，司馬光也運用得不曾圓滿，我們還可糾正；但不相干，只要他能够創作這種方法，就已有莫大的功勞。自有此法以後，一部史書著成，讀者能知道他去取的原因，根據的所在。所以司馬光在史學的地位，和司馬遷差不多相等。(3)司馬光附屬的第二流史家是朱子，朱子就資治通鑑編成通鑑綱目，雖沒有做好，自不失爲小小的創作。他改直敘的編年體爲和春秋左氏傳一樣的綱目體，高一格爲綱，低一格爲目。其注重點在綱，借綱的書法來發揮他的政治理想寓褒貶之意。他最得意的地方，如三國的正統改魏爲蜀等，其實沒有多大關係；其好處在創造綱目體，使讀者一看綱就明白一個史事的大概。這種體裁還可運用到編年以外的體裁，紀傳可用，書志也可用。如後來錢子文補漢兵志，錢德洪作王陽明年譜，就用這體。這體的好處，文章乾淨，敍述自由，看讀方便。但創造這體的人是誰，還有問題。元經若是王通或阮逸所作，則這體是他們所創。但不可靠。無論如何，用綱目體來做史，自朱子起，則可無疑，所以朱子可稱史家。(4)朱子前一點，最偉大的是鄭樵。他以爲歷史如一個河流，我們若想抽刀斷水，是不可能的，所以以一姓興亡爲史的起迄，是最不好的。因此，創作一部通志，上自極古，下至唐初。這種工作，梁武帝和他的臣子也曾做過，隋志載他們做的通史有四百八十卷，可惜不傳，不知其內容怎樣。鄭樵在史學界理論上很有成績，實際上的工作如做通志可謂大失敗。通志的運氣好，至今仍保存。後來史學家批評他紀傳一大堆儘可焚燬，因爲全抄各史，毫無新例，只有二十略可看。他所以不致失傳，也許因爲有二十略的成功。二十略貫通各史書志，擴充文物範圍，發明新穎方法，在史學界很佔着地位，足令鄭樵不朽。

(5)此外爲袁樞的通鑑紀事本末。這書就資治通鑑的史事，摘要歸類，各標一題，自爲起迄。論他紀事大小輕重，頗覺不倫；論他體例，在紀傳編年之外，以事的集團爲本位，開了新史的路徑，總不愧爲新史的開山。(6)還有蘇轍呂祖謙一派的史論家，對於史事下批評。此種史論，隋志已載有三國志評論等書，惜已失傳，不知其是評史事是評史書。從前紀傳體每篇末尾必有幾句短評，但沒有專門評論的。宋朝有許多專門作史評家的，在史學界有相當的地位。(7)還有羅泌做路史，敍先秦以前，選擇資料最不精嚴，但用的方法很多，有許多前人所不注意的史蹟他也注意到，在史學界也有點價值。(8)吳縝作新唐書糾繆新五代史記糾繆，雖專用以攻擊歐陽修，但間接促起史家對於史事要審查眞僞的注意，開後來考證史事一派，關係比前二種重要得多——人們只說宋朝理學發達，不知史學也很發達。

一到元明，簡直沒有史家，史官修的宋史元史都很糟。中間只有金遺民元好問專門收羅文獻，以史爲業，可謂有志之士。明朝有許多野史，卻沒有一個眞的著作家。清朝的史學，各種都勃興，但大體的趨向和從前不同，留在第四部分講近代史學界趨勢時講。史家的敍述就此停止。

第三部分講史學之成立及其發展。凡一種學問，要成爲科學的，總要先有相當的發展，然後歸納所研究的成績纔成專門。先頭是很自由的發展，茫無條理；後來把過去的成績整理建設科學：沒有一種科學不是如此成立的。所以一個民族研究某種學問的人多，那種學問成立也更早；若研究的人少，發達也更遲。自成爲科學以後，又發現許多原則，則該科學更格外發展。先有經驗，纔可發現原則；有了原則，學問越加進步。無論那門學問，其發達程序皆如此。史學在中國發達得最厲害，所以成立得也最早，這也是和各科學發達程序相同。

又從旁一方面看。凡一種學問，當其未成立爲科學以前，範圍一定很廣，和旁的學問分不清；初成科學時，一定想兼併旁的學問。因爲學問總是有相互的關係，無論何學皆不能單獨成立，所以四方八面都收納起來。後來旁的學問也漸漸成爲科學，各有領土，分野愈分愈細。結果要想做好一種學問，與其採帝國主義，不如用門羅主義：把旁的部分委給旁的學問，縮小領土，在小範圍內，盡力量，越窄越深。——全世界學問進化分化的原則如此。中國人喜歡籠統的整個的研究，科學的分類很少。這也不能說不好，不見得要分纔是好。現在德國人做學問，分得很細；英國人則帶海洋性，甚麼都含混點兩方面各有好壞但爲研究學問的便利起見分得精細也有好處因爲要想科學格外發展，還是範圍縮小格外經濟。中國史學成立以後的最大趨勢就如此。最初很寬以後愈趨愈細從前廣大的分野，祇能認爲有關係的部分；把範圍縮小，到自己所研究那一點。

中國史學的成立與發展，最有關係的有三個人：一、劉知幾；二、鄭樵；三、章學誠。此外很多史家，如上文所講在史學方面零零碎碎，都講了些原理原則把史學的範圍意義及方法，都各各論定了。但在許多人裏邊要找出幾個代表時代特色而且催促史學變化與發展的人，就只有這三個。他們都各有專著討論史學。劉知幾有史通；鄭樵有通志總序及二十略序；章學誠有文史通義及湖北通志永清志亳州志和州志各序例。此三人要把史學成爲科學，那些著作有很多重要見解。我們要研究中國史學的發展和成立，不能不研究此三人。此三人的見解，無論誰都值得我們專門研究。現在只能簡單的講些他們的特點何在。

先講劉知幾。劉知幾的特點，把歷史各種體裁分析得很精細；那種最好，某種如何做法，都講得很詳明。他的見解雖不見得全對，但他所批評的有很大的價值。(1)史學體裁，那時雖未備，而他考釋得很完全；每種如何做法，都引出個端緒，這是他的功勞。(2)他當代和以前，史的著作，偏於官修，由許多人合作，他感覺這很不行，應該由一個專家拿自己的眼光成一家之言。他自己做了幾十年的史官，身受官修合作不能成功的痛苦，所以對於這點發揮得很透徹。(3)史料的審查，他最注重。他覺得作史的人，不單靠搜集史料而已，史料靠得住靠不住，要經過很精嚴的審查，纔可用。他膽子很大，前人所不敢懷疑的他敢懷疑。自論語孟子及諸子，他都指出不可信的證據來。但他不過舉例而已，未及作專書辨僞，而且他的懷疑，也許有錯誤處。不過他明白告訴我們，史事不可輕信，史料不可輕用。這是劉知幾所開最正當的路。其他工作還很多，舉其著者，有此三條。

鄭樵成績最大的：(1)告訴我們，歷史是整個的，分不開。因此，反對斷代的史，主張做通史，打破歷史跟著皇帝的觀念。歷史跟著皇帝，是不妥當的。歷史如長江大河，截不斷，要看全部。鄭樵主要工作在做通志，雖未成功，或者也可以說是已失敗，但爲後學開一門徑，也是好的。(2)他把歷史的範圍放大了許多。我們打開二十略一看，如六書，七音，氏族，校讎，圖譜，從來未收入史部的，他都包攬在史學範圍以內。(3)他很注重圖譜，說治史非多創圖表不可。他自己做的書表很多，表式也很有新創，圖雖沒有做多少但提倡得很用力。——這三點是鄭樵的貢獻。

章學誠，可以說截至現在，只有他配說是集史學之大成的人。以後，也許有比他更大的發展。但有系統的著作，仍以文史通義爲最後的一部。他的特色：(1)他主張史學要分科。以爲要做一國史尤其如中國之大，決不能單講中央政治，要以地方史作基礎。所以他對於古代歷史的發展，不單看重中央的左史右史，還看重地方的小史。史的基本資料，要從各種方志打底子。從前做史專注意中央政治的變遷，中央政府的人物，中央制度的沿革。章學誠把歷史中心分散，注重一個一個地方的歷史；須合起各地方志，纔可成爲眞有價值的歷史。史官做史，須往各地搜羅文獻；即自己非史官也應各把地方文獻搜羅：方志與歷史，價值是相當的。(2)他不注意史料的審查和別擇，因爲前人已講得很清楚；他專提倡保存史料的方法。他以爲史部的範圍很廣——如六經皆史——什麼地方都是史料，可惜極易散失。所以主張中央和地方都應有保存史料的機關，中央攬總，府，州，縣各設專員。關於這種制度和方法，他講得很精密。關於史料的總類，也有條理的駕馭。他所作的方志，常分志，掌故，文徵三部：志是正式的史書；掌故及文徵，保存原始史料。倘使各家方志都依他的方法，歷代史料必不致缺乏。他以爲保存史料的機關，須用有史學常識的人，隨時搜集史料，隨時加以審查而保存之，以供史家的探討。至於如何別擇，如何敍述，各家有各家的做法，和保存史料的機關不相干。關於這一點可以說是章學誠的重要主張。在中國一直到現在，還沒有這種機關，從前有所謂皇史宬實錄館，雖也可說是保存史料用的，章學誠以爲不行，因爲那只能保存中央這一部分的史料。至於正史以外，各行政官都有機關，範圍又很大，不單保存政治史料，各種都保存，實在是章學誠的重要發明。這種辦法，在中國不過一種理想，未能實行；在外國也做不到，祇由博物院及圖書館負了一部分責任而已。章學誠把他看做地方行政的一種，一層一層的上去，最高有總機關管理，各地方分科，中央分部，繁重的很。要把這種畫一的章程通行起來，過去的事蹟一定可以保存很多。但他的辦法也未完備，所保存的只是紙片，沒有一點實物，方法也不精密，我們儘可補充改正。(3)他主張，史家的著作，應令自成一家之言；什麼學問都要納到歷史方面去；做史家的人要在歷史上有特別見解，有他自己的道術，拿來表現到歷史上：必如此纔可稱爲史家，所作的史纔有永久的價值。所以關於史學意義及範圍的見解，都和前人沒有相同的地方；他做史也不單敍事，而須表現他的道術。我們看文史通義有四分之一或三分之一是講哲學的，此則所謂歷史哲學，爲劉知幾鄭樵所無，章學誠所獨有，即以世界眼光去看也有價值。最近德國纔有幾個人講歷史哲學若問世界上誰最先講歷史哲學恐怕要算章學誠了。

以上把三個人重要之點略講了講，還有中國普通相傳下來的歷史觀念三個人都有相當的貢獻。第一點，史與道的關係。第二點，史與文的關係。

中國史家向來都以史爲一種表現道的工具。孔子以前，不知如何。春秋即已講微言大義，董仲舒說『春秋文成數萬，其指數千。』司馬遷史記自序和報任安書都說『亦欲以究天人之際，通古今之變，成一家之言。』此種明道的觀念，幾千年來，無論或大或小，或淸楚或糢糊，沒有一家沒有。所以很值得我們注意。明道的觀念可分兩種：一，明治道；二，明人道。明治道是借歷史事實說明政治應該如何，講出歷代的興衰成敗治亂的原因，令後人去學樣。明人道，若從窄的解釋，是對於一個人的批評，褒貶表彰好的令人學，指摘壞的令人戒。若從廣的解釋，是把史實羅列起來看古人如何應付事物，如何成功，如何失敗，指出如何纔合理，如何便不合理。這種若給他一個新名詞，可以叫做『事理學。』西洋人注重人同物的關係，所以物理學很發達。中國人注重人同人的關係，所以事理學很發達。資治通鑑便是事理學的代表，善言人情事理，所以向來稱贊他『讀之可以益人神智。』續資治通鑑就够不上。關於這一點，現在比從前一天一天的少有適用，但仍有效力。從前自秦始皇到清宣統，政治環境及行爲，沒有多大變遷，所以把歷史事實作爲標準，相差不遠。司馬光做資治通鑑，所求得的事理標準，所以可供後人資鑑，就因這個緣故。現在雖不能說此種標準已無效，也不能說與從前一樣有效，祇可以說效力減了許多。各門的條文許多還可應用。如何纔可富國，如何纔可利民，水利如何興，田賦如何定，至今仍不失其爲標準。至於應用政治的方法，對付外交的手段，從前雖很有標準，現在因環境變遷，政體改易，就無效力；縱使有，也很少了：治道方面如此。人道方面，到現在，到將來，從前的事理標準仍很有效。這點注重明道的精神是中國人的素秉，我們不能放鬆的。至於窄義的人道方面，褒貶善惡，從前的史家看得很重，而劉知幾鄭樵章學誠看得很輕。前述的紀載史事以爲後人處事接物的方法，則各派史家皆如此。

簡單說，這種態度就是把歷史當做『學做人』的教科書。劉鄭章三人對此點很注重，其餘各人對此也很注重，卽非史家亦很注重。譬如曾國藩胡林翼的功業偉大，若依外國史家的眼光，只注重洪楊之亂如何起，曾胡如何去平定他。其實我們讀歷史，要看他們人格如何，每事如何對付，遇困難如何打破，未做之前如何準備，這一點比知道當時呆板的事實還要重要。洪楊之起滅及曾胡之成功，已成過去，知道又有何用處？我們讀史，看曾胡如何以天下爲己任，如何磨練人才，改革風氣，經萬難而不退轉，領一羣書獃子，自己組織了無形的團體，抗起大事來做，各省不幫他而反加以掣肘，他們以一羣師友感激義憤，竟然成功：此種局面，在中國史上是創見。我們要問爲什麼能如此，此卽人道學事理學的研究。看歷史的目的各有不同：若爲了解洪楊之亂，當然注重戰爭的眞相和結果；若爲應付世事，修養人格，結交朋友的關係，則不可不注重人與人相與的方面。

中國史注重人的關係，尤其是紀傳體。近來的人以爲這種專爲死人做傳記，毫無益處。其實中國史確不如此，做傳乃是教人以應世接物之法。誠然，有許多事實含了時代性，可以省略；但大部分不含時代性。所以中國史家對於列傳的好不好，與將來有沒有利益，很有斟酌，不肯輕懈。一個人所做的事，若含時代性，則可以省略；若不含時代性，在社會上常有，則不能不注重。這要看史家眼光和手腕如何，史書的價術也隨之而定。——總說一句：這種以史明道的學術之發達及變遷，爲研究中國史學史所不可不注重之點，在外國是沒有的。

其次史與文的關係。中國文看得很重，孔子已說『文勝質則史。』史體與文有重要的關係。全書如何組織，纔算適當，劉鄭章三家講得很多，旁人亦講得不少，一篇文章如何組織，劉鄭章三家講得很多，韓愈柳宗元一般文人也　得不少。章學誠做文史通義，文和史在一塊兒講。關於史的文如何做法，章氏有許多特別見地。雖其所講方法所作體例，我們看去似係他自創，他卻說都有所本，實則一部分自前人，一部分還是他自創。如講敍事方法，從前做傳專敍個人，他可常常以一事做傳名。如湖北通志檢存稿非人的傳有許多，把人的事合在一起。又或傳中有表，也是前人文裏所不敢參雜的。諸如此類，對於文的史，史的文，發揮得很透徹。這種講史與文的關係，往後很發展，但可以章學誠爲一結束。——以上講第三部分——中國史學之成立及其發展——完。

第四部分應該講最近中國史學的趨勢，有許多好的地方，有許多不好的地方。最近幾年來時髦的史學，一般所注重的是別擇資料。這是自劉知幾以來的普通現象，入清而甚盛，至今仍不衰。發現前人的錯誤而去校正他，自然是很好的工作。但其流弊乃專在瑣碎的地方努力，專向可疑的史料注意，忘了還有許多許多的眞史料不去整理。如清代乾嘉學者，對於有錯字的書有許多人研究，對於無錯字的書無人研究。荀子有錯字，研究的有好幾家，成績也很好。孟子無錯字，研究的便很少。此可以說是走捷徑，並非大道。其實讀孟子荀子的目的在了解孟子荀子的學術，以備後來拿來應用。若專事校勘考證，放着現成的書不讀，那就不是本來的目的了。

還有一種史料鈎沉的風氣。自清中葉到現在，治蒙古史很時髦。因元史太簡陋，大家都想方法，搜出一條史料也很寶貴。近來造隴海鐵路，發現了北魏元氏百餘種墓誌銘，好寫字的人很高興，治史的人也高興。因爲魏書宗室傳缺了一卷，治史的人便根據那些墓誌銘來補起來。其實魏書縱不缺略，大家也沒有這們好的精神去看宗室傳。近來史學家反都喜歡往這條補殘鈎沉的路走，倒忘了還有更大的工作。

還有一種研究上古史，打筆墨官司。自從唐人劉知幾疑古惑經以後，很少人敢附和，現在可附和他了不得。這種並不是不好，其實和校勘輯佚，無異。譬如鄭玄箋注的毛詩三禮已够研究了，反從太平御覽冊府元龜去輯鄭注尙書和易經，以爲了不得。乾嘉以來的經學家便是這樣風氣。其實經學不止輯佚，史學不止考古。

推求以上諸風氣，或者因受科學的影響。科學家對於某種科學特別喜歡，弄得窄，有似顯微鏡看原始動物。歐洲方面應該如此，因爲大題目讓前人做完了，後學只好找小題目以求新發明，原不問其重要與否。這種風氣輸入中國很利害。一般學者爲成小小的名譽的方便起見，大家都往這方面發展。這固然比沒有人研究好，但老是往這條捷徑走，史學永無發展。我們不能不從千眞萬確的方面發展，去整理史事，自成一家之言，給我們自己和社會爲人處事作資治的通鑑；反從小方面發展，去做第二步的事：眞是可惜。不過這種大規模做史的工作很難，因爲儘管史料現存而且正確，要拉攏組織，並不容易。一般作小的考證和鈎沉，輯佚，考古，就是避難趨易，想徼倖成名，我認爲病的形態。眞想治中國史，應該大刀闊斧，跟着從前大史家的作法，用心做出大部的整個的歷史來，纔可使中國史學有光明發展的希望。我從前著中國歷史研究法，不免看重了史料的搜輯和別擇，以致有許多人跟着往捷徑去，我很懺悔。現在講廣中國歷史研究法，特別注重大規模的做史，就是想挽救已弊的風氣之意。這點我希望大家明白。

寅　社會科學史的做法（略）

卯　自然科學史的做法（略）

己　文學史（略）

庚　美術史（略）

第五章　文物專史做法總說

本來想在這一學年內講完廣歷史研究法，現在只講了一半，時間不許再講下去了。本來想把文物專史的做法都詳細講，因爲有些方法還不自滿，所以上文有的講了做法，有的沒有講做法，有的連大略都不會講只好待將來續補，現在總講一章文物專史的做法，做個結束。

文物專史的工作，在專史中最爲重要，亦最爲困難，和其他四種專史——人事，地方，時代——的做法都不相同。其他專史，應該由史學家擔任。文物專史，與其說是史學家的責任，毋寧說是研究某種專門科學的人對於該種學問的責任。所以文物專史一方面又是各種專門學問的副產物。無論何種學問，要想對於該種學問有所貢獻，都應該做歷史的研究。寫成歷史以後，一方面可以使研究那種學問的人了解過去成績如何，一方面可以使研究全部歷史的人知道這種學問發達到何種程度。所以說，文物專史不單是史學家的責任，若是各種專門學者自家做去還好些。譬如經濟史中的貨幣史，要做得好，單有歷史常識還不行；最少要懂得貨幣學，近代經濟學，以及近代關於貨幣的各種事項，然後回頭看中國從前貨幣的變遷，乃至歷代貨幣改革的議論，以新知識新方法整理出來；凡前人認爲不重要的史料或學說，都敍述上去——這種貨幣史纔有精采。貨幣學比較的範圍不很窄，尙且應有常識做基礎，非有專門研究的人不能做專史。若做中國音樂史，尤其非用專門家不行。我們外行的人若去做，用功雖苦，還是不了解，許多重要的資料無法取去。又如做文學史，要對於文學很有趣味，很能鑑別的人，纔可以做。他們對於歷代文學流派，一望過去，卽知屬某時代，並知屬某派。譬如講宋代詩，那首是西崑派，那首是江西派，文學不深的人，祇能勦襲舊說，有文學素養的人一看可以知道。再如書法史，寫字有趣味的人，書碑很多，臨帖很多，一看古碑帖，就知其眞僞及年代。就是我自己隨便拿個碑版來，不必告訴時代給我，不必有人名朝號可旁證，我都可以指出個大概的年代。所以假使要做書法史，也非有素養不可，否則決難做好。關於文物專史大概無論那一部門，都是如此。所以做文物專史，不可貪多，想一人包辦是絕對不成的。祇能一人專做一門，乃至二門三門為止，而且都要有關係因緣纔可以兼做。如做美術史，順帶做書法史，雕刻史，或合為一部，或分為三部，還勉強可以做得好，因為那三部都有相互的關係；但必須對於三部都有素養的人，纔可以做得好。想做文物專史的人，要對於自己很喜歡的那部分，一面做史，一面做本門學問，歷史是他的主產物，學問是他的副產物。研究科學的人固然也有不作歷史研究而能做好學問的，如果對於歷史方面也有興味，學問既可做好，該科學史也可做好。所以研究歷史的人，一方面要有歷史常識，一方面要於歷史以外有一二專門科學，用歷史眼光把中國過去情形研究清楚，則這部文物專史可以有光彩。因此，所以不能貪多，若能以終身力量做出一種文物專史來，於史學界便有不朽的價值。不貪多，一面治史，一面治學，做好此種專史時，可以躊躇滿志。至於其他如人的專史，事的專史，則一個人儘可以做許多。——這是講做文物專史的先決問題，一須專門，二須不貪多，實在也只是一義。

其次，關於搜集資料，比其他專史困難得多。其他專史雖然也不單靠現存的資料，但其基本資料聚在一起，比較的易得。如做一人的專傳或年譜，其人的文集是基本資料，再搜集其他著作，大段資料可以得着；和他有關係的人的著作範圍相當的確定。無論其人方面如何多，如何複雜，做專史或年譜都可以開出資料單子，很少遺漏。至於事的專史，在公文上，專記上，文集上，資料的範圍也比較的有一定。文物專史則不然，搜集資料再困難沒有了。若是歷代書志有專篇或九通中有此一門，前人做過許多工夫的，比較的還有相當的資料，但仍舊不够。即如經濟之部，各史食貨志及九通關於食貨一門，固然可以得若干基本資料，但總不滿足，非另求不可。書志及九通有了，尙感困難，若沒有又如何？如書法，繪畫，在史書中，毫無現存的資料。現在講畫史的，雖有幾本書，而遺漏太多。做這類專史，資料散漫極了。有許多書，看去似沒有關係，但仔細搜求，可以得許多資料。如講經濟狀況，與詩歌自然相隔很遠，其實則不然。一部詩集，單看題目，就可以得許多史料。詩是高尙的，經濟是齷齪的，齷齪狀況可在高尙中求之，有許多狀況正史中沒有而詩集中往往很多。做經濟史，不一定要好詩集。詩雖做得不好，而題目，詩句，夾注，往往有好料。詩與經濟相隔這麼遠，尙有這麼多史料；所以做文物專史，無論甚麼地方都有好資料。不過也不是凡有資料都可以用，須要披沙揀金，所以不能心急、眞要成功要費一世工夫。出版的早晚，沒有關係。預備盡生平的心力，見到資料便抄下來，勤筆勉思，總有成功的一日。我很糟，在床上看書看見了可用的資料，摺上書角，不能寫下來，另日著書要用這種曾經看到的資料，大索天下，終不可得。所以此類工作須要非常勤勉，不嫌麻煩。記下一點資料，固然沒有用處；記得多了以後，從裏邊可以研究出多少道理來。顧亭林做日知錄，旁人問他近來做了幾卷，他說別來數年不過得了十餘條，抄別人的書如收羅破銅爛鐵，自然容易；我是精思謹取，如上山開鑛，所以很難。顧氏做日知錄的方法，起初看見一條，劄記了，若干年後，陸續劄記了許多相類的資料？加以思想組織爲一條。我們做文物專史，非如此耐煩不可。鄉先輩陳蘭甫先生死了以後，遺稿流傳出來，一張一張的紙片。異常之多，都是在甚麼書看見了兩句，記出來以後，又加上簡短的按語。新近廣東有人搜得了六千多片，都一般大小，實則他一生的紙片，不知有好幾百萬張。我正打算設法找來，整理一下，可以看出他治學的方法。我們認眞想做好的著述，尤其是關於文物專史方面的，非做此種工夫不可。有如蜜蜂採花，慢慢的製成極精的蜜糖，纔是有價值的著作。文物專史之所以難做，這是一點。

中間還有鑑別史料的工作，前回講過，近來史學界都趨重這一點，帶了點取巧的性質。我們所希望的，不在考訂眞僞，考不出來也沒有關係。如明建文帝到底是燒死的還是逃去做和尙的，又如清世祖是病死去還是跑到五台山做和尙的，他的董妃是否董小宛，我們固然歡迎有人做這種工作，但不希望有天才的人都到這面用工夫，把旁的方面放鬆了。以後的史家，關於搜集方面要比鑑別方面多下工夫纔好。我從前做的中國歷史研究法，對於鑑別史料，說的很多，許於近來學風有影響。此是近代學風可喜之中稍微一點不滿意的所在。其餘如鈎沉，輯佚一類的工作也要做但不要把沒有眞僞問題的現存的史料丟開不管。文物專史也是一樣，而且特別的易犯這種毛病。其所以難做，這是二點。

關於文物專史的做法，各門不同。其公共原則有多少，很難說，然也有幾點很主要的可以說：

(一)文物專史的時代不能隨政治史的時代以畫分時代。固然，政治影響全部社會最大，無論何種文物受政治的影響都很大；不過中國從前的政治史，以朝代分，已很不合論理，尤其是文物專史更不能以朝代爲分野。卽如繪畫史，若以兩漢畫，三國畫，六朝畫，唐畫，宋畫，分別時代，眞是笑話。中國繪畫大體上，中唐以前是一個時代，開元天寶以後另是一個新時代，分野在開元初年。底下宋元混合爲一時代，至明中葉以後另爲一時代。又如近代外交史，不能以明清分，要看外來勢力做標準。葡萄牙人，荷蘭人到中國在明嘉靖以前，爲一時代，嘉靖以後到淸道光南京條約另爲一時代，道光到中日戰爭另爲一時代，往後到今日再一時代。外交雖與政治密切，尙且不能以明史淸史畫分，何況其他？所以各種文物專史絕對不能依政治史爲分野，而且各種之間亦相依爲分野。譬如繪畫以開元天寶爲界，書法則以隋代分；繪畫在北魏不能獨立，書法在北魏可以獨立，而且可以分初盛中晚。又如詩以唐爲主系，宋以後爲閏系；書法以北魏爲主系，唐爲閏系；詞以宋爲主系，元以後爲閏系：各種文物應畫分的時代都各不同。要做通史，簡直沒有法子說明，因爲要跟着政治走，而有時這個時代文物盛而政治衰，那個時代文物衰而政治盛，絕對不能畫一，一定做不好。譬如宋徽宗的政治很糟，學術更糟，可謂黑暗時代；但從美術方面看，卻光芒萬丈。所以各種專史有一篇一篇單行的必要，尤其是文物專史的時代應以實際情形去畫分。

（二）文物專史的時代不必具備普通史上下千古，文物專史則專看這種文物某時代最發達，某時代有變遷，其他時代或沒有或無足重輕，可以不敍。例如做外交史，應從很晚的時代起，從前的外交與近代的外交不同。如欲做上下千古的外交史，把春秋的朝聘，漢以後的蠻夷朝服，都敍上去則失去了外交的本質了。要想做得好，不必貪多不可把性質不同的事實都敍在裏邊。外交史最早只可從明代起。又如做詩史，也許可以做到宋朝而止，後面可以做一個簡單的結論。這並不是因爲元明清沒有詩，乃是三朝的詩沒有甚麼變化。元遺山所謂詩至蘇黃而盡話是眞的。詩以唐爲主系，以宋爲閏系，元以後沒有價值了。這不過舉一二例，其實文物專史無論那種都如此，最不可貪多做上下千古的史。即如還未講到的四川的地方專史，最古的是華陽國志，當常璩做志時，的確有做專史的必要；以後歸併到本部，雖有小變動，而對全部沒有多大的影響，所以漢以後的四川可以歸併到本部史講，不必專講。又如雲南恰好是四川的反面，直到現在還有做專史的價値。自明初沐英平滇，世王其地，清初吳三桂，民國蔡鍔唐繼堯，都與本部尚未打成一片；中間雖有些時候打成一片，而神氣不屬，不久又分了。又如東三省，自滿人入關以後，做專史的資格已消滅了。最近因日本的勢力侵入變成特殊的地帶，似乎又有做專史的資格。河南山東，有史以前可做專史，有史以後是全國的基本專史資格早已消滅，其地的活動早已不能爲所專有。即以河南而論，在商以前，可以說是河南人的活動，周以後成爲全國人的活動了。此外各地的專史應從何時代起至何時代止，要看他的情形來定奪，也不可一時貪多。

(三)凡做一種專史，要看得出那一部分是他的主系，而特別注重，詳細敍述。不惟前面所講道術史有主系，無論甚麼事情的活動，何種文物，都有一二最緊要的時代，波瀾壯闊，以後或整理，或彌縫，大都不能不有個主系閏系的分別。所以做文物專史不要平面的敍述，分不出高低陰陽來。某時代發達到最高潮，某時代變化得最利害，便用全副精神去敍述。閏系的篇幅少些也沒有關係，說得簡單也沒有關係。主系的內容及派別，卻非弄清楚不可。做道術史，若是漢魏三國六朝的篇幅和先秦一樣多是不行的，先秦要多，以後要少。主系要精要詳，其他可略。做詩史到唐朝，要分得很清楚，多少派，多少代表，一點也含混不得。明朝的詩並不是沒有派別，前七子，後七子，分門別戶，競爭得很利害；但從大處着眼，値不得費多大的力量去看他們的異同。所以做文物專史須用高大的眼光，看那時代最主要，搜集，鑑別，敍述，抑揚，用全力做去。無論那種文物，主系並不算多，祇有一二處。如做詩以唐爲主，則以前以後，都可說明，而讀者可以把精華所在看得淸楚。這一點要有鳥瞰的眼光，看出主系，全力赴之，此外稍略也無妨。日本所做的中國文學史平講直敍，六朝分元嘉大同，唐分初盛中晚，一朝一朝的分去，一家一家的敍述。

我們看了那種著作，似乎江淹沈約與陶潛曹植一樣優劣，其實則相去何啻天淵？若依我的主張，陶曹自然要用重筆，江沈這些二等的資料可以略去。眞會做史的人，要找出幾點，分濃淡高低，纔行。若平講直敍，便不好了。無論那種文物專史都應如此。

（四）文物專史又須注重人的關係。我所講的文物專史，有一部分與社會狀況制度風俗有關，與個人的關係少。除此部分以外，差不多全與個人有關係。歷史是人造出來的。近代談史諸家，因中國做紀傳的人喜歡表彰死者，惹起反動，以爲社會不是英雄造出來的，歷史應該看輕個人。其實固然有些人是時勢造成的，但也有造時勢的英雄。因爲一個出來，而社會起大變化的也常有，而且這種人關係歷史很重要。社會所以活動，人生所以有意義，都因此故。人生若全在社會做呆板的機械，還有甚麼意義？政治上，軍事上，人的關係尤爲顯著了。其他各種文物也非無人的關係。如做道術史，羅列各人的學說，固然是必要；然欲描寫中國的道術，必先描寫個人的人格。如朱陸關於太極圖的論辯，固然要敍；但道術史最應敍的，還是此二大師的人格，可由日常生活表示出來。向來講王陽明的人，因其事業多，所以在學術以外還講事業；若講到陸象山便把人事方面簡略了。其實陸象山所以能開一派學風，並不單靠幾篇文章，幾封信札；他整個的人格，所做的事業，都很有關係。我們描寫他的人格和羅列他的學說，至少要一樣。對於學術大師如此，對於文學家美術家也要如此。假使主系幾個大文學家，我們不單看他的作品，並注重他的性格，由性格看胸襟及理想，做的史纔有價值。這不特大學者如此，經濟方面如唐代的劉炎也如此。唐的經濟和財政在中葉以後，由劉炎一人手定規模，得有很好的結果，他死後幾十年，制度仍然保存。所以做經濟史做到唐中葉，對於劉炎做人如何，纔能如何，性格如何，都得詳細敍述，因爲這影響到當時財政很大。——無論那一方面，關於文物專史，除因社會自然狀態發達以外，有三分之二，都因特別人才產生而社會隨他變化。所以做文物專史，不可把人的關係忽略了。對於有重要關係的人，須用列傳體敍述其人的生平於史中；但也不似廿四史的列傳以多爲貴，要極有關係的人，纔替他做傳，而且目的不在表彰其人，乃因這種文物因他可以表現得眞相出來。

（五）文物專史要非常的多用圖表。圖表，無論何種專史都須要，尤其是做文物專史要用最大精力。圖，或古有或新製，或照片，搜羅愈富愈好。表，在主系想分拆實際情形時，最須應用。閏系方面有許多可以簡單敍述的東西而又不可省略，可以做成表格，看去既不討厭，查考時又很清楚。做表的好處，可以把許多不容易擺在正文內的資料保存下來，不過要費番思想纔可以組織成功，很不容易。做一表比做一文還要困難而費工夫，應該忍此勞苦，給讀者以方便。正文有的，以表說明；正文無的，以表補充。

以上所講，不過擇比較重要的簡單說明一下，實則不應如此陋略。我因時間關係，沒得充分預備，也未講完，不算是正式的講演，不過是零碎的感想而已。我希望對於同學有若干啟發，可以引起研究的興趣和方向。那麼，我預備雖不充分，對同學也不致完全沒有益處。未講完的下學年或許有機會還可續講，本學年就此結束。

跋

右中國歷史研究法補編一部，新會梁任公先生講述，其門人周傳儒姚名達筆記爲文，都十一萬餘言，所以補舊作中國歷史研究法之不逮，闡其新解，以啓發後學專精史學者也。憶民國十四年九月二十三日，名達初受業於先生，問先生近自患學問慾太多而欲集中精力於一點，此一點爲何？先生曰：史也史也！是年秋冬，卽講中國文化史社會組織篇，口敷筆著，晝夜弗輟，入春而病，遂未完成！十五年十月六日，講座復開，每週二小時，綿延以至於十六年五月底。扶病登壇，無力撰稿，乃令周君速記，編爲講義，載於淸華周刊：卽斯編也。周君旋以事忙不能卒業，編至合傳及其做法而止，名達遂繼其後。自三月十八日至五月底，編成年譜及其做法，專傳的做法二章。自八月十三日至二十八日，編成孔子傳的做法以後諸篇。全講始告成文，經先生校閱，卒爲定本。是秋以後，先生弱不能耐勞，後學不復得聞高論，而斯講遂成絕響！中國文化史既未成書於前，史法補編又未卒述於後，是誠國人之不幸，亦先生所賚恨以終者已！名達無似，有心治史而無力以副之，深愧有負師教！斯編之行世，幸又得與於校對之列，謹誌數言，以示所自，惟讀者正焉。

中華民國十九年五月八日姚名達

王雲五主編

萬有文庫

第一集一千種

中國歷史研究法補編

梁啓超著

發行兼印刷者　上海寶山路　商務印書館

發行所　上海及各埠　商務印書館

中華民國十九年四月初版

The Complete Library
Edited by
Y. W. WONG

METHODS OF STUDYING CHINESE HISTORY

Volume II

By
LIANG CHI CHAO

THE COMMERCIAL PRESS, LTD.
Shanghai, China
1930

B一九二分